Neue
Kleine Bibliothek 193

Thomas Wagner

Die Mitmachfalle

Bürgerbeteiligung
als Herrschaftsinstrument

PapyRossa Verlag

© 2013 by PapyRossa Verlags GmbH & Co. KG, Köln
Luxemburger Str. 202, 50937 Köln
Tel.:   +49 (0) 221 – 44 85 45
Fax: +49 (0) 221 – 44 43 05
E-Mail: mail@papyrossa.de
Internet: www.papyrossa.de

Umschlag: Joachim Kubowitz, luxsiebenzwoplus
Druck: Interpress

Die Deutsche Bibliothek verzeichnet diese Publikation in der
Deutschen Nationalbibliografie; detaillierte bibliografische
Daten sind im Internet über http://dnb.ddb.de abrufbar

ISBN 978-3-89438-527-9

Inhalt

1.
Die Mitmachrepublik

Einleitung

Machen Sie mit! Bringen Sie sich ein! Auf Ihre Meinung kommt es
an! Wer kennt diese Appelle nicht. Tagtäglich werden wir aufgefor-
dert uns zu beteiligen, mitzusprechen, zu engagieren, in irgendeinen
Dialog zu treten oder gar zu protestieren. Spätestens mit dem 2011
und 2012 zunächst unaufhaltsam scheinenden Aufstieg der Piratenpartei ist der Ruf nach einer möglichsten breiten Partizipation der
Bevölkerung der »Rote Faden unserer politischen Gegenwart«[1]. Das
Wort *Engagement* klingt gut. Aber jeder versteht darunter etwas anderes. Manche denken an Schriftsteller und kritische Intellektuelle
wie Jean Paul Sartre, Noam Chomsky oder Ingo Schulze, andere an
die Durchführung einer Tombola in der Kirchengemeinde oder das
freiwillige soziale Jahr. Dirk Niebels (FDP) Entwicklungsministerium
forderte die Deutschen 2012 mit einer sprachlich zur Kenntlichkeit
verunglückten Formel dazu auf, in fernen Ländern »Engagement zu
ergreifen«. Die neue Kunsthalle der Deutschen Bank in Berlin wiederum machte am 8. und 9. April 2013 unter der Überschrift »Macht
Kunst« mit einer spektakulären Eröffnungsaktion von sich Reden:
»Eine Ausstellung, bei der jeder mitmachen darf. Ob Künstler oder
Hobbymaler, jeder kann eine Arbeit einreichen mit der Gewissheit:
sie wird ausgestellt, kostenlos, wenn auch nur für 24 Stunden.« (*Der*

---

1   Miessen, Markus: Albtraum Partizipation. Berlin 2012, S. 7

Tagesspiegel, 06.04.2013, S. 15) Der Publikumsliebling erhielt ein ein-
jähriges und mit 500 Euro dotiertes Atelierstipendium.

Augenscheinlich gehört die Ermöglichung von Partizipation zu jenen Kunstgriffen, derer sich die Mächtigen in Wirtschaft und Politik
heute bedienen zu müssen glauben, um beim Publikum Gefallen zu
erregen. Der zum Mitmachen animierte Konsument wird auf diese
Weise zum Komplizen. Auch dann, wenn solche Einbindung in kommerzielle Zwecke vorgeblich im Zeichen der Konsumkritik erfolgt
und als Protestevent inszeniert wird wie im Fall der Berliner Schnee-
mann-Demo, die vom 22. bis 24. Januar 2010 auf dem Schlossplatz im
Zentrum der deutschen Hauptstadt stattfand. Zahlreiche Menschen
waren einem mit Hilfe »sozialer Netzwerke« verbreiteten Aufruf gefolgt, Schneemänner zu bauen, um gegen den Klimawandel zu protestieren. Hinter der Aktion stand jedoch keine Bürgerinitiative und
auch keine gemeinnützige Nichtregierungsorganisation. Stattdessen
hatte der hessische Energiekonzern Entega »300 Tonnen Kunstschnee
sowie Materialien zur Gestaltung der zu bauenden Schneemänner
kostenlos zur Verfügung« gestellt.[2] »Zwar war auf den entsprechenden Plakaten etc. das Logo der Firma abgedruckt, die Zuordnung der
Aktion zu dem bis dato in Berlin nicht weiter bekannten Wirtschaftsunternehmen jedoch ad hoc schwierig (…). Die politische Botschaft
der »Demonstration« gegen den Klimawandel erfuhr keine Spezifizie-
rung und wurde nicht mit weitergehenden politischen Forderungen
verbunden. Vielmehr sollten die Teilnehmer und Teilnehmerinnen
dazu bewogen werden, zu dem in der Eigendarstellung ökologischen
Stromanbieter Entega zu wechseln. Somit handelte es sich um eine
Werbeveranstaltung mit dem Ziel der Neuerschließung des Berliner
(Strom-)Markts und war entsprechend auch nicht als Demonstration
angemeldet worden (…). Die im Internet angegebenen Kosten der
Aktion beliefen sich auf ca. 500.000 Euro«.[3]

---

2   Hinterhuber, Eva Maria/Möller, Simon: Kopiert, kommerzialisiert, kooptiert:
     die Aneignung von Partizipationsformen jenseits der Konventionen durch
     Wirtschaftsakteure, in: Nève, Drothée de/Olteanu, Tina (Hg.): Politische Par-
     tizipation jenseits der Konventionen, Opladen/Berlin/Toronto 2013, S. 214

3   Ebd.

Mitmachkunden

Für die Kommerzialisierung »unkonventioneller Protestformen« wie Flashmobs, Street Art oder die Politisierung von Konsum durch Wirtschaftsunternehmen ließen sich zahlreiche weitere Beispiele anführen.[4] Sie zeigen, dass es offenbar kaum noch einen gesellschaftlichen Bereich gibt, der ohne irgendeine Beteiligungsoption auskommt. Der mittlerweile eingestellte private TV-Kanal *Neun Live* hatte in kommerzieller Hinsicht so etwas wie eine Vorreiterfunktion. Mit ihm gelang es, ein für das Privatfernsehen taugliches Geschäftsmodell zu finden, das auf die Akquise von Werbekunden zunehmend verzichtete, um das Geld direkt beim gefoppten Zuschauer abzuholen.[5] Medienmanagerin Christiane zu Salm pries die von ihr entwickelte Form der Zuschauer-Abzocke als Mitmachfernsehen,[6] mit dem sich die »Träume von Brecht, Baudrillard und Enzensberger erfüllen können, dass es nur noch Sender und Empfänger auf Augenhöhe gibt«.[7] Die Pharmaindustrie wiederum hat perfide Methoden entwickelt, um verdeckte Reklame im Gewand fingierter Selbstorganisation zu betreiben.[8] Da sich die Selbsthilfegruppen der Patienten mit eigenen Mitteln nur

---

4 Vgl. ebd., S. 226

5 Ströhlein, Markus: Der Sender Neun Live liefert das Fernsehen für die Krise. Sein Konzept der Quizshows macht Schule, in: Jungle World, Nr. 17, 27. April 2005

6 Andere Sender zogen nach. Die populärste Variante ist wohl das von Günter Jauch moderierte Quizformat »Wer wird Millionär?« Salms Idee für ein Polit-Magazin, in dem Schlagzeilen vom Tag von Studiokandidaten diskutiert werden und in dem die Zuschauer »denjenigen mit der unfundiertesten Meinung 'rauswählen« (Spiegel online, 05.07.2001) scheint bei Stefan Raabs im Herbst 2012 begonnener Polit-Talkshow Pate gestanden zu haben.

7 Salm, Christiane zu: Im Rausch der Bilder – hinkt das Fernsehen hinterher?, in: Appel, Eva (Hg.): Ware oder Wert? Fernsehen zwischen Cash Cow und Public Value. Mainzer Tage der Fernsehkritik 2008, S. 23

8 Vgl. die Recherchen der ARD-Journalisten Caroline Walter und Alexander Kobylinski (Patient im Visier. Die neue Strategie der Pharmakonzerne. Hamburg 2010) und des Spiegel-Autors Markus Grill (Kranke Geschäfte – Wie die Pharmaindustrie uns manipuliert, Reinbek 2007).

schwer finanzieren können, sind sie anfällig für Hilfsangebote der Industrie. Die wiederum setzt darauf, dass die Patienten sich bei den
Ärzten dafür einsetzen, ganz bestimmte Medikamente zu verschreiben, insofern diese geeignet erscheinen, im Falle schwerer, häufig töd-
lich verlaufender Krankheiten wie Krebs Wunder zu wirken.

Das Vorgehen der Arzneimittelindustrie ist ein weiteres Beispiel dafür, wie erfindungsreich die Konzerne heute dabei sind, die Wünsche
der Bürger – ihrer Kunden – nach mehr Beteiligung und Mitsprache
für immer neue Wege der Profitgenerierung zu nutzen. Wenn diese im
Internet Wertungen über Produkte abgeben, sind das Informationen,
die von den Marketingabteilungen der Unternehmen genutzt wer-
den, um ihren Profit zu steigern. So besteht das Erfolgsgeheimnis des
Internet-Versandhandelskonzerns Amazon zu einem großen Teil dar-
in, dass er die Konsumenten dabei unterstützt, selbst tätig zu werden.
Das geht über die im Einzelhandel und der Gastronomie üblichen
Formen der Selbstbedienung weit hinaus. Die sich mit Hilfe und zum
Nutzen der Konzerne selbst organisierenden Kunden ersetzen ganze
Marketing- und Produktentwicklungsabteilungen, werden in großem
Maßstab ausgebeutet und fühlen sich auch noch gut dabei. Sie schrei-
ben Rezensionen, regelrechte Gutachten und finden sich dadurch als
Konsumenten in einer sich gegenseitig beratenden Gemeinschaft wieder. Obwohl Amazon als Monopolist agiert, schafft der Konzern auf
diese Weise eine Atmosphäre scheinbar solidarischer Gegenseitigkeit,
indem sich die Kunden als freie, von den Zudringlichkeiten einzelner
Händler emanzipierte Subjekte vorkommen. »Darin ähnelt Amazon
den Giganten Apple, Facebook und in gewisser Weise Ikea – Kraken
allesamt, denen man aber die marktbeherrschende Stellung verzeiht,
weil sie das Ich ihrer Kunden stärken und auf deren Kommunikatio-
nen setzen. Intimität und Gigantonomie fallen in eins. So zappeln wir
freiwillig in den paradoxen Netzen dieser Monopole, weil sie unserem
Ego immer mehr Entfaltungsraum zu geben scheinen. Wenn das nicht
die perfekte Falle ist!«, analysierte Harald Jähner in der *Berliner Zeitung* (02./03.03.2013, S. 3).[9]

---

9   Zu dieser Falle gehört, dass die von Netz- und Politikpiraten beharrlich ein-

In der Sprache der Marketingforscher und Soziologen tragen die auf diese Weise meist unbezahlt an der Wertschöpfung partizipierenden Warenkonsumenten wahlweise Bezeichnungen wie Mitmachkunden, Lead user, Hobbyarbeiter, Ko-Produzenten, Kundeninnovatoren, Fankunden, Early adopter, Expertenkunden, Wertschöpfungspartner, innovationsfördernde Persönlichkeiten, Heavy user und Prosumenten.[10] Psychologen fragen danach, was Konsumenten dazu motiviert, sich in solche Wertschöpfungsprozesse einbinden zu lassen. Marketingunternehmer wiederum entwickeln Strategien, um das für die Konzerne interessante Konsumentenwissen in den sogenannten Online-Communities abzuschöpfen. Sie beobachten bestehende Netz-Gemeinschaften und helfen beim Aufbau neuer Netzwerke.

Befreiung von Herrschaft

Die Umlenkung des in der Bevölkerung weit verbreiteten Partizipationswunsches in kommerzielle Bahnen ist nur eine Facette in einem umfassenderen gesellschaftlichen Wandlungsprozess: Die Bundesrepublik verwandelt sich in eine Mitmachrepublik, die hinter einer Beteiligungsfassade nicht mehr, sondern deutlich weniger Demokratie in sich birgt. Unter Demokratie verstehe ich dabei eine gesellschaftliche Organisationsform, die ausgerichtet ist an der regulativen Idee einer Überwindung von Herrschaft. »Dieses Verständnis geht hinaus über

---

geforderte Transparenz sich in den Händen eines Konzerns wie Amazon in eine Methode verkehrt, die sich frei und unabhängig wähnenden Kunden immer besser zu kontrollieren. Anders als die Leser von gedruckten Büchern, werden die Nutzer von E-Books mit Hilfe einer dafür entwickelten Software ausgespäht. »Fast alles lässt sich festhalten; wie schnell die Leute lesen; welche Stellen sie anstreichen; auf welcher Seite sie die Lektüre abbrechen.« (Der Spiegel, Nr. 11, 11.03.2013, S. 129) Nicht mehr allzu fern scheint daher ein Zustand, in dem Bücher nach den Reaktionen ihrer Leser kontinuierlich umgeschrieben werden.

10   Vgl. Ihre Meinung ist uns wichtig! Wenn aus Konsumenten Prosumenten werden. Ein Radiofeature von Barbara Eisenmann. Gesendet am 19. Oktober 2012 im Deutschlandfunk.

den in der Staatsrechtslehre herrschenden Begriff von Demokratie, der
nur als Legitimation von – dann nicht in Frage gestellter – Herrschaft
verstanden wird.«[11] Bei der Überwindung von Herrschaftsbeziehun-
gen geht es nicht nur um die gleiche Teilhabe an den im engeren Sinne
politischen Institutionen, sondern darüber hinaus am gesellschaftlich
produzierten Reichtum, am Eigentum an den Produktionsmitteln und
an den ökonomischen Entscheidungen.[12] Wenn in der Arbeiterbewegung und in den linken Alternativbewegungen der sechziger und siebziger Jahre die Forderung nach mehr Demokratie gestellt wurde, war
damit immer auch die Erweiterung demokratischer Kontrollmöglich-
keiten auf den Bereich der Produktion, des Privateigentums und der
Wirtschaftslenkung gemeint. Wird auf diese Forderung verzichtet, ver-
liert der nach wie vor beliebte Slogan von der »Demokratisierung der
Demokratie« seine emanzipatorische Stoßrichtung und wird auch für
jene Kräfte attraktiv, die nach neuen Wegen suchen, um die bestehende Eigentums- und Herrschaftsordnung zu erhalten und wenn möglich weiter auszubauen. So finden ehemals als subversiv und gefährlich verschriene Forderungen nach Basisdemokratie seit der heftig
geführten Auseinandersetzung um das Bahnprojekt Stuttgart 21 auch
in einer CDU-geführten Regierungskoalition unter Bundeskanzlerin
Angela Merkel (CDU) Gehör. Während Protestierende in früheren
Jahren vornehmlich ausgegrenzt, als Chaoten diffamiert und krimina-
lisiert wurden, will man sie nun aktiv einbinden. Der Zweck allerdings
bleibt der gleiche: Nach wie vor geht es darum, die herrschenden
Macht- und Eigentumsverhältnisse zu schützen.

Welche Form von Bürgerbeteiligung der Bundesregierung am
liebsten ist, wurde im August 2012 deutlich, als Familienministerin
Kristina Schröder (CDU) anlässlich der Vorstellung des Ersten En-
gagementberichts der Bundesregierung im Kabinett eine »Kultur

11   Fisahn, Andreas: Herrschaft im Wandel. Überlegungen zu einer kritischen
     Theorie des Staates. Köln 2008, S. 62

12   Vgl. zur Vertiefung des hier verwendeten Demokratiebegriff auch: Salo-
     mon, David: Demokratie. Köln 2012 sowie Wagner, Thomas: Demokratie
     als Mogelpackung. Oder: Deutschlands sanfter Weg in den Bonapartismus.
     Köln 2011, S. 16-22

der Mitverantwortung« beschwor. Im Mittelpunkt des Papiers einer neunköpfigen Sachverständigenkommission[13] stehen die sozialen oder kulturellen Aktivitäten von privaten Unternehmen,[14] die künftig ausgezeichnet werden sollen.[15] So ist für Unternehmen, die sich in Sachen Vereinbarkeit von Beruf und ehrenamtlichem Engagement besonders hervortun, ein Güte-Siegel vorgesehen.

In einer Zeit, in der immer mehr abhängig Beschäftigten und kleinen Selbstständigen vor Augen steht, in welchem Maße der von ihnen

---

13 Bundesministerium für Familie, Senioren, Frauen und Jugend (Hg.): Erster Engagementbericht 2012. Für eine Kultur der Mitverantwortung. Engagementmonitor. Berlin 2012 – Mitglieder der 2009 von der Bundesregierung zusammengerufenen Sachverständigenkommission des Berichts sind Prof. Dr. Helmut K. Anheier (Direktor des Centrums für soziale Investitionen und Innovationen (CSI) an der Universität Heidelberg und Dean der Hertie School of Governance GmbH, Berlin), Holger Backhaus-Maul (Leiter des Fachgebiets »Recht, Verwaltung und Organisation«, FB Erziehungswissenschaften, Universität Halle-Wittenberg), Prof. Dr. Sebastian Braun (Leiter des Forschungszentrum für Bürgerschaftliches Engagement, Humboldt-Universität zu Berlin), Prof. Dr. Georg Cremer (Generalsekretär des Deutschen Caritasverbandes, Freiburg), Edeltraud Glänzer (Mitglied des geschäftsführenden Hauptvorstandes der IG BCE, Hannover), RA Alexander Gunkel (Mitglied der Hauptgeschäftsführung des BDA, Berlin), Prof. Dr. André Habisch (Katholishe Universität Eichstätt), Prof. Dr. Michael Hüther (Vorsitzender der Kommission, Direktor des Instituts der deutschen Wirtschaft Köln) und Thomas Sattelberger (Personalvorstand Deutsche Telekom AG, Bonn).

14 Auf über 1.000 Seiten werden sie in dem Bericht in aller Breite dargestellt. Demnach unterstützen mit 64 Prozent der Unternehmen fast zwei Drittel von ihnen bürgerschaftliches Engagement entweder mit Geld oder mit Sachspenden, heißt es in dem Bericht. Das Volumen des Engagements der Unternehmen entspreche einem finanziellen Gegenwert von jährlich mindestens elf Milliarden Euro. Überwiegend seien es Geldspenden (8,5 Milliarden Euro), gefolgt von Sachspenden (1,5 Milliarden) und der unentgeltlichen Überlassung von Räumlichkeiten und Infrastruktur (900 Millionen). Bei ihrer Förderung konzentrieren sich die Unternehmen häufig auf ihr lokales Umfeld. Vorrangig gefördert werden die Bereiche Erziehung, Kindergärten und Schulen (75 Prozent) sowie Freizeitaktivitäten und Sport (68 Prozent).

15 Dabei ist man geneigt, in der bloßen Existenz eines Unternehmen schon eine soziale Wohltat zu sehe. Schließlich ginge es in einer Firma vor allem darum, »die Präferenzen und Wünsche der Konsumentinnen und Konsumenten bestmöglich zu befriedigen.«

erarbeitete Reichtum durch Konzerne und Banken für private Zwecke wie Spielgeld verschleudert wurde, soll das soziale Gewissen der Unternehmer als besonders vorbildlich herausgestellt werden. Zudem will die Bundesregierung die privaten Unternehmen dazu animieren, selbst aktiv zu werden, um das angesichts der ökonomischen Dauerkrise schwindende Vertrauen der Bevölkerung in das kapitalistische Wirtschaftssystem überwinden zu helfen. Ein solches bürgerschaftliches Engagement der Unternehmen lohne sich vor allem dann, »wenn es strategisch und systematisch erfolgt«, heißt es in dem Engagementbericht.

Im Mittelpunkt dieser Streitschrift stehen im Folgenden die im engeren Sinne politischen Aspekte einer sich am Horizont abzeichnenden neuen Beteiligungskultur, in der wichtige Fragen des Zusammenlebens zunehmend in öffentlichen Foren debattiert werden, die von Sponsoren aus der Wirtschaft oder konzernnahen Stiftungen finanziert werden. »So wie die ›Initiative Neue Soziale Marktwirtschaft‹ einst angetreten war, um soziale Marktwirtschaft zu predigen und Neoliberalismus zu meinen, so werben heute Unternehmer für mehr Mitsprache«, schreibt Martin Kaul in der *taz* (07.02.2012). Blanker Eigennutz verkleidet sich auf diese Weise als Interesse am Gemeinwohl. »Mitunter korrespondiert die zunehmende Bürgerbeteiligung mit neoliberaler Sozialstaatskritik und legitimiert ihre Umsetzung. Sie zielt oft auf die effiziente Steuerung politischer Prozesse statt auf demokratische Willensbildung.«[16] Die Bürger sollen aktiv und eigenverantwortlich mittun, »ohne mehr Einfluss auf den engen und oft von wirtschaftlichen Sachzwängen diktierten Rahmen des Verhandelbaren zu erlangen.«[17]

Wo Bürger nach mehr Beteiligung rufen, Parteien, Gewerkschaften und Großkirchen an Bindekraft verlieren und kommunale Lebenswelten neu strukturiert werden müssen, wächst die Einsicht in Konzernen, Think Tanks, Beratungsunternehmen und Politik, dass sich manches

---

16 Mattern, Philipp / Wehrle, Hermann: Mehr Demokratie wagen? Warum Bürgerbeteiligung kritisch zu betrachten ist, in: Mieterecho, Nr. 354, März 2012, S. 4

17 Mattern / Wehrle, Demokratie, S. 4.

ändern muss, damit grundsätzlich alles so bleiben kann wie bisher. Eine Gesellschaft, in der ein »neuer Geist des Kapitalismus« (Boltanski/Chiapello) die Fähigkeit zur Selbstorganisation von abhängig Beschäftigten fordert und begünstigt und herkömmliche Großorganisationen immer weniger dazu in der Lage sind, sie »sozialpartnerschaftlich« zu vereinnahmen, verlangt nach innovativen Weisen der Befriedung bzw. der Vereinnahmung von potenziellem Widerstand. Hierher rührt die zunehmende Bereitschaft der Mächtigen in Wirtschaft und Politik, mit neuen Beteiligungsformen zu experimentieren. Die Erprobung solcher Einbindungstechniken reicht bis in die von sozialdemokratischer Reformpolitik geprägten siebziger Jahre zurück. Als die Proteste gegen die Atomkraft nicht mehr zu ignorieren waren, setzte die damalige Bundesregierung auf Bürgerdialoge, in denen sich der Unmut der Umweltbewegung zwar artikulieren sollte, die aber für die politischen Entscheidungen letztlich unverbindlich blieben. Man hoffte darauf, einen Keil zwischen gesprächsbereite Gegenexperten und jene AKW-Gegner zu treiben, die ihren Widerstand mit einer radikalen Systemkritik verbanden. Das strategische Kalkül wurde später beim Einsatz des Mediationsverfahren zur Befriedung der Auseinandersetzungen um den Ausbau des Flughafens in Frankfurt am Main noch deutlicher: Nachdem die SPD-geführte Regierung Hessens durch den Konflikt um die Startbahn-West in arge Bedrängnis geraten war, setzte Ministerpräsident Hans Eichel in den neunziger Jahren auf neue Formen der politischen Beteiligung. Der Streit sollte sich vom politischen Kern auf weniger brisante Sach- und Verfahrensfragen verlagern. Der Widerstand wurde durch die Einbindung einer Reihe von Organisationen der »Zivilgesellschaft« in seiner Legitimation geschwächt und dadurch deutlich eingedämmt.

Demokratie als Mogelpackung

Was es bedeuten kann, auf den Bürgerdialog als politisches Steuerungsmittel zu lange zu verzichten, musste zuletzt Baden-Württembergs abgewählter Ministerpräsident Stefan Mappus (CDU) erfahren.

Das Scheitern von dessen Konfrontationskurs in Sachen Stuttgart 21 verschafft seinem grünen Amtsnachfolger Winfried Kretschmann die willkommene Gelegenheit für eine nachholende Modernisierung einer nach wie vor konservativen Regierungsführung.

Mit dem Wohlwollen der Privatunternehmen darf er dabei durchaus rechnen. Denn eine wachsende Zahl von Vertretern kleiner und mittelständischer Firmen sieht in der Installierung von mehr direktdemokratischen Elementen in das politische System eine Chance, auch jenseits des unter Umständen zeitraubenden Engagements in einer Partei oder einer kontinuierlichen Lobbyarbeit von Fall zu Fall zum eigenen Vorteil in das politische Geschehen eingreifen zu können. Andere verfolgen das politische Kalkül, den Einfluss von kollektiven Organisationen und Parteien zurückzudrängen, die in der Lage wären, die Interessen von Lohnabhängigen und sozial Benachteiligten gegenüber der geballten Macht des in eigenen Verbänden zusammengeschlossen und mit Hilfe von gut ausgestatteten Stiftungen und Lobbyvereinigungen in Politik, Kultur und Zivilgesellschaft hineinregierenden Kapitals durchzusetzen. Statt Parteien, deren Repräsentanten, wenn auch in abnehmenden Maße, an kollektiv festgelegte Inhalte, an Programme, gebunden sind, sollen vermeintlich unabhängige »Persönlichkeiten« mehr Einfluss auf die Politik bekommen. In diesem Punkt trifft sich die liberale Parteienschelte von Autoren wie Herbert von Arnim und Hans-Olaf Henkel mit rechtskonservativer und -populistischer Systemkritik, die sich nach autoritären, aber direkt gewählten Führungsgestalten sehnt.[18]

Ohnehin schon sind die sogenannten neuen Beteiligungsformen mit einer zunehmenden Dominanz der artikulationsstarken, bildungsbürgerlich sozialisierten und ökonomisch besser gestellten Schichten

---

18   Näher untersucht habe ich diese Gemengelage in meiner Streitschrift »Demokratie als Mogelpackung«. Köln 2011. Vgl. Wagner, Thomas: Direkt gegen die Demokratie, in: Die Zeit, Nr. 11, 08.03.2012, S. 13 sowie Wagner, Thomas: Mogelpackung direkte Demokratie. Die Forderung nach mehr Bürgerbeteiligung im rechtspopulistischen Machtkalkül, in: Bathke, Peter / Hoffstadt, Anke (Hg.): Die neuen Rechten in Europa. Zwischen Neoliberalismus und Rassismus. Köln 2013, S. 303-317

verbunden. »Zu Kundgebungen und Straßendemonstrationen haben sich in den letzten Jahren nicht die Deklassierten oder Marginalisierten aufgemacht, nicht diejenigen, die am stärksten Opfer der ökonomischen Umstrukturierungen und staatlich implementierter Sozialstaatskürzungen geworden sind. Auf die Barrikaden gingen vornehmlich Bürger mit hoher Bildung, ordentlichen Einkommen, vielseitigen sozialen Kontakten, anspruchsvollen Berufstätigkeiten.«[19] Aktuelle Studien des Göttinger Instituts für Demokratieforschung belegen, dass die heute vorherrschenden Formen der Bürgerbeteiligung dahin tendieren als ein Katalysator der Ungleichheit zu wirken: »Die neue Partizipationsdemokratie fördert keineswegs die zivilgesellschaftliche Integration, sie öffnet vielmehr die Schere zwischen »unten« und »oben« noch mehr, vertieft also die soziale Ungleichheit, statt sie einzudämmen.«[20]

Akzeptanzbeschaffung für Großbauprojekte

Zudem sind Immobilienwirtschaft und Energiekonzerne immer mehr der Ansicht, dass die von ihren Investitionen betroffenen Anwohner möglichst frühzeitig in Planungsprojekte einbezogen werden sollten, um Kosten zu reduzieren, die zum Beispiel im Fall von lange dauernden Protesten entstehen würden. Neue Beteiligungsformen gelten nicht mehr als eine Gefahr für den sogenannten Wirtschaftsstandort Deutschland, sondern als die einzige Möglichkeit, Großprojekte künftig überhaupt noch mit kalkulierbarem Kostenaufwand durchzuführen.

Nach Ansicht von Michael Hüther, dem Direktor des unternehmernahen Instituts der deutschen Wirtschaft Köln,[21] sollten Regierung

---

19 Walter, Franz u. a.: Die neue Macht der Bürger. Was motiviert die Protestbewegungen?, Reinbek bei Hamburg 2013, S. 307

20 Walter, Macht, S. 309

21 Hüther stand zudem als Vorsitzender jener Kommission vor, die den oben zitierten Ersten Engagementbericht der Bundesregierung erstellt hat.

und Parlament in einen Diskurs darüber treten, wie die bürgergesell-schaftliche Stützung des herrschenden Systems am besten zu errei-chen ist. »Welche Rahmenbedingungen können geschaffen werden, dass sich die Bürgerinnen und Bürger frühzeitig mit politisch und ad-ministrativ geplanten Projekten identifizieren, sich beteiligen und für deren erfolgreiche Realisierung auch verantwortlich fühlen? In die-sem Sinne sind Orte und Formate (weiter) zu entwickeln, in denen sich Themen, Akteure und Sichtweisen begegnen können, um Posi-tionen auszuhandeln und gemeinsame sowie mitunter schwierige or-ganisationale und individuelle Lernprozesse vollziehen zu können.«[22] Was gut für die Unternehmen ist, ist gut für die Gesellschaft heißt die nach wie vor gültige Formel für eine partizipatorisch verkleidete, aber ungebrochen neoliberal ausgerichtete Politik.

Offensichtlich ziehen maßgebliche Kräfte in Regierung, Parteien und Konzernen derzeit an einem Strang, um die parlamentarische Demokratie allmählich in eine Mitmachgesellschaft umzubauen. »Die Partizipation hat ihre Unschuld verloren. Gefragt sind Angebote, um den Staat zu entlasten und den Protest zu kanalisieren.«[23] Merkels »marktkonforme Demokratie« läuft auf eine von den Bürgern mit-getragene Beteiligungsfassade hinaus. Partizipation wird in erster Li-nie als Akzeptanzmanagement verstanden, als der Versuch, politisch schwer kalkulierbare Konfrontationen zwischen aufmüpfigen Bürgern und der Staatsgewalt zu vermeiden. Protest soll in Diskussion verwan-delt und auf diese Weise entschärft werden. Es gilt, den Widerstand in »Mittun-wollen« zu verwandeln, noch bevor er überhaupt entsteht. Demokratie von unten und Steuerung von oben sind scheinbar keine Gegensätze mehr.

Das breite Bedürfnis nach mehr direkter Demokratie wird in eine Bahn gelenkt, die manches zu verändern erlaubt, die grundsätzliche Verteilung von Macht und Eigentum aber nicht in Frage stellt. Dabei

---

22   Statement von Michael Hüther, vorgestellt am 22.08.2012 in der Bundes-
     pressekonferenz (BPK) in Berlin.

23   Speth, Rudolf: Der erfolglose Aufbruch, in: Aktive Bürgerschaft aktuell«
     (Online-Nachrichtendienst), Ausgabe 123, Mai 2012 (31.05.2012)

ist Macht, die aus der ungleichen Verteilung des Zugangs zu ökonomischen Ressourcen herrührt, eine ebenso große Gefahr für die Beteiligungschancen der großen Mehrheit wie die unverblümte Ausübung autoritärer Regierungsgewalt. »Die oft gelobten ›Bürgerhaushalte‹, bei denen Menschen über die Ausgaben ihrer Stadt mitbestimmen durften, waren vor allem geeignet, um die dauernden Kürzungen in öffentlichen Haushalten zu legitimieren. Von Unternehmern wird der Ruf nach mehr Mitsprache heute so offensiv geführt, weil es die einzige Möglichkeit ist, die Debatte zu bestimmen«.[24]

Es ist also höchst Zeit, Einspruch zu erheben: im Namen der Demokratie! Wenn die Erweiterung der Freiheitsräume künftig eine Perspektive nicht nur für wenige Wohlhabende, sondern für alle Bürger des Gemeinwesens sein soll, muss es darum gehen, die Ökonomie in den Bereich demokratischer Entscheidungen zurückzuführen. Die anti-demokratischen Tendenzen der am Horizont erscheinenden Mitmachrepublik verlangen dagegen nach energischem Widerspruch. Dieses Buch beabsichtigt nicht mehr, aber auch nicht weniger, als damit den Anfang zu machen.

---

24   Martin Kaul, in: taz, 07.02.2012, S. 12

2.
Partizipationskunst als Marketingzirkus

Das BMW Guggenheim Lab in Berlin

Ein beliebtes Experimentierfeld für das Mitmachmarketing der Konzerne ist die moderne Kunstwelt. Am Beispiel des Widerstands gegen das BMW Guggenheim Lab in Berlin lässt sich dieser Sachverhalt näher beleuchten. Noch vor wenigen Jahren beherbergte die ehemalige Brauerei am Pfefferberg im Berliner Bezirk Prenzlauer Berg einen der schönsten Biergärten der Hauptstadt, mit viel Platz zum Feiern auf harten Holzbänken, dafür aber baumbeschattet und ohne Verzehrzwang. Das ist längst vorbei. Die ursprünglich aus einer Anwohnerinitiative hervorgegangene Pfefferwerk Stadtkultur gGmbH hat die Sanierung und gewerbliche Nutzung der Flächen vorangetrieben. Heute sind die fünf Höfe und der sie umfassende Gebäudekomplex zwischen der Christinenstraße und der bekannteren Schönhauser Allee zum großen Teil renoviert und bieten viel Platz für diverse schicke Galerien, ein Hostel für internationale Gäste, ein Restaurant, Anwaltskanzleien und Qualifizierungsangebote für die sogenannte Kreativwirtschaft. Während Berlin für Investoren und betuchte Globetrotter so attraktiv wie nur irgend möglich werden soll, müssen weniger finanzkräftige und sozial benachteiligte Mieter damit rechnen, aus ihren Wohnungen herausgedrängt zu werden. Damit die Stadt so sexy wird, wie ihr regierender Bürgermeister Klaus Wowereit es will, dürfen ihre Armen sehen, wo sie bleiben. Doch immer häufiger setzen sich die Betroffen gegen jene Verdrängungsprozesse zur Wehr, die mit einem unschönen Wort als Gentrifizierung bezeichnet werden. Das BMW Guggenheim Lab war 2012 einige Monate lang Gegenstand eines solchen Kampfes. Über einen Zeitraum von sechs Jahren soll in seinem Rahmen in neun Metropolen über die Probleme von sogenannten Mega-Cities diskutiert werden. Tatsächlich geht es aber nicht um mehr echte Partizipation, sondern um ein als Kunstprojekt verkleidetes Marketingexperiment eines Automobilkonzerns. Nachdem politisch wache Kiezbewohner gegen seine Installierung auf einer Brachfläche in Kreuzberg protestiert hatten, beschlossen die Betreiber kurzerhand, stattdessen für die Zeit vom 15. Juni bis zum 29. Juli 2012 auf dem Pfefferberg zu gastieren.

Temporäre Demokratiesimulation

In stofflicher Hinsicht handelt es sich bei dem Projekt – mal präsentiert als Kunstaktion, mal als temporäres Forschungslabor, dann wieder als innovatives Forum der Bürgerbeteiligung – schlicht um einen mobilen Veranstaltungsraum, der von dem japanischen Architekturbüro Bow Wow in kompakter und optisch transparenter Leichtbauweise als dreißig Meter langes, quaderförmiges Gerüst aus Karbonfasern entworfen wurde. Das Programm kommt recht ambitioniert daher. Die ersten drei Stationen New York, Berlin und Mumbai standen unter der Frage: »Wie ist ein komfortables Leben mit einer nachhaltigen Lebensweise zusammenzubringen?« Eine ständige Ausstellung ist damit nicht verbunden. »Es wird ein offener Raum, wo alles in Bewegung ist. Morgens besucht man einen hochkarätig besetzten Vortrag über Stadtplanung, nachmittags einen Workshop zum Thema Gentrifizierung und abends eine Filmvorführung. Die Menschen sollen anfangen, über ihre Stadt zu sprechen«, erläuterte die Kuratorin Maria Nicanor gegenüber der Tageszeitung *Die Welt* (03.04.2012). Der Pfefferberg werde auf diese Weise eine Plattform für öffentliche Diskussionen mit unterschiedlichsten Standpunkten: »Zusätzlich planen wir aber viele andere Aktivitäten außerhalb Berlins«, so Nicanor. »Das Berliner Programm konzentriert sich darauf, wie wichtig es ist, die eigene Stadt zu gestalten. Die Veranstaltungen sollen interessierten Berlinern ermöglichen, aktiv an der Veränderung ihrer Stadt teilzunehmen«, hieß es in einer Presserklärung der Veranstalter vom 21. Mai 2012. »Die aktive Teilnahme der Bürgerinnen und Bürger und eine ›Von-unten-nach-oben-Philosophie‹ waren Berlin schon immer wichtig«, ließ sich Nicanor vernehmen, die spätestens damit ihre eigene politische Ahnungslosigkeit offenbarte. Ziel sei es, »mit den Berlinern einen sinnvollen Dialog zu führen und die Interessen der Gemeinschaft zu erkunden sowie Ideen nachzugehen, die auch globale Relevanz haben können.« Insgesamt waren mehr als hundert kostenlose Veranstaltungen und zahlreiche Touren durch die Stadt geplant. Dafür arbeiteten die Guggenheim-Stiftung und BMW mit dem Aedes Network Campus Berlin (ANCB) zusammen, einem auf dem Pefferberg ansässigen sogenannten Denklabor für Architektur. Das Lab sollte »urbane Ideenschmiede« und »multidisziplinäre Begegnungsstätte« sein, die den Diskurs auf einer eigenen Website (bmwguggenheimlab.org) mit Hilfe des interaktiven Spiels Urbanology und in den sozialen Netzwerken Facebook und Twitter anregt.

Experimentelles Marketing

Das klingt zunächst tatsächlich demokratisch, transparent und an drängenden Problemen der Stadtbewohner orientiert. Doch um die geht es weniger als um die »Trademarkpflege zweier Global Player« die »dafür ein ursprünglich kritisch auf Gegenwart anwendbares Vokabular« plündern, wie Simon Rothöler kommentierte (*taz*, 21.03.2012). BMW-Marketingchef Uwe Ellinghaus erläuterte dem Manager-Magazin bereits im Juli 2011, was sich der Konzern von dem gemeinsamen Kulturprojekt mit der New Yorker Solomon R. Guggenheim Foundation verspricht, das zwei Jahre lang vorbereitet wurde: »Wir haben es hier mit einem interessierten, aufgeschlossenen Publikum zu tun, das wir mit traditionellem Marketing und herkömmlichen Kommunikationskanälen immer weniger erreichen. All jene, die ganz definitiv keine Autozeitschriften lesen und die sich weniger für Fernsehen, Print und andere traditionelle Medien interessieren. Diese Menschen erreichen wir mit Veranstaltungen außerhalb der üblichen Terrains einer Premiummarke wie beispielsweise dem Golfsport. Mit der *Experiential branding*-Strategie, und ganz konkret mit dem BMW Guggenheim Lab, möchten wir jene ansprechen, die heute vielleicht noch keine besondere Affinität zur Marke BMW haben – möglicherweise dem Auto sogar ambivalent gegenüber stehen.« Es gehe sowohl »um eine langfristige, positive Wahrnehmung des Unternehmens als auch um die Reputation der Marke BMW – auch in der Presse.« Feuilletonlesern will sich der Autohersteller als ein Unternehmen darstellen, »das gesellschaftliche Verantwortung übernimmt, gemeinsam über die Zukunft nachdenkt, Visionen entwickelt und insbesondere über die Zukunft der Mobilität integrativ diskutiert.«

Die unter dem Lab-Thema Urban Design und Mobility in Gang gesetzte Diskussion ist also nicht ergebnisoffen, sondern von vorneherein auf den Profitzweck des Unternehmens zugeschnitten. Die mit BMW kooperierenden öffentliche Institutionen, Kreative und Wissenschaftler arbeiten somit nicht für das Gemeinwohl, sondern leisten Beiträge zur Weiterentwicklung der Marke und für zukünftige Geschäftsmodelle des Unternehmens. Denn künftig sollen Mobilitäts- und Informationsdienstleistungen wie das Carsharing, die Vernetzung mit öffentlichen Verkehrsmitteln sowie die Anbindung der Fahrzeuge an die Kommunikationsmöglichkeiten des Internet verstärkt eine Rolle spielen. »Das Schlagwort der Zeit lautet: Utilization of Drivetime, mit anderen Worten, wir können nicht immer verhindern, dass Sie in einem Stau stehen, auch wenn Sie einen BMW fahren. Aber wenn Sie in einem Stau stehen, dann sollten Sie wenigstens diese Zeit intelligent nutzen«, so Ellinghaus. Da moderne Kunden sich mit Marken umgeben wollten, die ihren Stil vermittelten, würden Themen wie Design, Architektur und Kunst immer wichtiger. Unumwunden gibt der Marketing-Experte des Autokonzerns zu: »Wir sind keine Weltverbesserer. Wir als Unternehmen sind allein sicher nicht dazu in der Lage, die Probleme dieser Welt zu lösen, auch nicht die der

Megastädte. Aber den Dialog darüber anzuregen, auch pragmatische Visionen zuzulassen, die sich nicht in einer Utopie versteigen, das sehen wir schon als unsere Aufgabe.« Was es mit dem vermeintlich kritischen Potenzial des Guggenheim Lab tatsächlich auf sich hat, zeigte der Verlauf, den die Begegnung der Projektmacher mit der Occupy-Bewegung in New York nahm: »Zwar gaben sich die BMW-Guggenheim-Kuratoren alle Mühe, sich gegenüber sozialen Protesten aufgeschlossen zu zeigen – so organisierte das Lab etwa einen Besuch des besetzten Zuccotti-Parks – ›ein inspirierendes Modell für eine alternative Zukunft‹, wie es im Programm hieß. Doch als die ›Occupy-Wall-Street‹-Besetzer dazu aufriefen bei der Finissage des Labs am 16. Oktober mit Schlafsäcken aufzutauchen, um das Gebäude zu besetzen, brachen die Organisatoren die Party ab, ließen die Gäste durch ihre Security hinauskomplimentieren und riefen die Polizei«, berichtete *Spiegel online*.

Diffamierte Proteste

Im New Yorker Szeneviertel Lower Eastside, wo das Projekt nur wenige Wochen zuvor am 2. August 2011 mit hochkarätig besetzten Veranstaltungen unter Beteiligung von Experten der Columbia Universität und des berühmten Massachusetts Institut for Technology (MIT) seinen Anfang nahm, hatte man den Braten früh gerochen. Unter der Parole »Gentrifizierung ist Klassenkampf – Wehrt Euch!« (»Gentrification Is Class War – Fight Back!«) demonstrierten Anwohner schon zur Eröffnung des Labs in der Houston-Street gegen eine weitere Aufwertung ihres ohnehin kaum noch bezahlbaren Wohnquartiers. Der Widerstand der New Yorker wiederum hat die hiesigen Aktivisten in Kreuzberg befeuert, deren Einspruch so vehement ausfiel, dass die Projektmacher kalte Füße bekamen und sich aus Angst vor negativen Schlagzeilen für den Pfefferberg als alternative »Location« entschlossen. Nicht ohne sich jedoch zu potenziellen Opfern von angeblich prognostizierten Gewaltanschlägen zu stilisieren. Eine Gefährdungsbewertung des Landeskriminalamts Berlin hatte ergeben, dass es zu Störungen und Sachbeschädigungen kommen könnte. Dagegen erklärte die Initiative gegen das BMW Guggenheim Lab in einer Pressemitteilung vom 21. März 2012: »Durch ihr Gerede von Gewalt und Extremismus versuchen Konzerne und Politik den Widerstand zu spalten, in einzelne GewalttäterInnen und normale AnwohnerInnen. Das ist ihnen aber bislang nicht gelungen und wird ihnen auch weiterhin nicht gelingen. Trotz aller Propaganda ist die Unterstützung in der Bevölkerung für zivilen Ungehorsam und auch Sachbeschädigungen im Kampf gegen steigende Mieten und Verdrängung sehr hoch.«

Statt den demokratischen Charakter des Bürgerengagements zu würdigen, überboten sich die Presseorgane in Diffamierungen. In einem Kommentar des *Kölner Stadtanzeigers* (28.03.2012) ist von »Muffelköpfen« die Rede, die »ihre Scholle mit Zähnen und Klauen gegen jede Veränderung verteidigen.« Mal den linken »Schrebergärtner«, mal eine regelrechte »Kiezguerilla« wiederum wollte *Die Zeit* (16/2012) in den Protesten erkennen. Ein Kommentator der *Welt* hielt gar den Ausdruck »Blockwarte« für angebracht. Diese hätten ihre »lebensweltliche Intoleranz zum Heimatschutz hochtrapiert«, meinte Ulf Poschardt: »Zu glauben, die Sturmabteilungen der vermeintlich Entrechteten seien ›Chaoten‹, greift zu kurz. Diese Aktivisten sind die Speerspitze jener Untätigen und Verwöhnten, die in Berlin weiterhin ungestört und oft genug sozialstaatlich subventioniert ihre kleinkarierten Kreise ziehen.« Der Stadtsoziologe Andrej Holms erläuterte dagegen, warum sich der Widerstand schon symbolpolitisch richtig positioniert, wenn er sich gegen Guggenheim richtet: »Seit der Stararchitekt Frank Gehry in den 1990er Jahren in Bilbao eines der weltweit spektakulärsten Funktionsgebäude für die Dependance des New Yorker Museums errichten ließ, ist der ›Guggenheim-Effekt‹ zum geflügelten Wort geworden. Die baskische Metropole erhielt ein neues Wahrzeichen, verwandelte sich in eine wichtige Destination der internationalen Tourismusströme und erlebte eine umfassende *gentrification* der umliegenden Nachbarschaften. Die aktuellen Tendenzen der Stadtentwicklung wurden wie in einem Brennglas sichtbar: Eventisierung der Stadtpolitik, gewünschte Aufwertungsimpulse von Groß-

projekten und Rückkehr privater Initiative.« (*Freitag*, 29.03.2012) In
seinen Augen sind die Proteste gegen das Lab »ein Akt der Selbstachtung gegen die Verdrängung.« (ebd.) Und wie positionierte sich die
offizielle Berliner Politik? Berlins Innensenator Frank Henkel (CDU)
sprach nach dem Kreuzberger Reinfall von »Chaoten«. Der Regierende Bürgermeister Klaus Wowereit (SPD), CDU-Fraktionschef Florian
Graf, die Grünen-Fraktionschefin Ramona Pop sowie die Industrie-
und Handelskammer (IHK) Berlin warnten unisono vor einem drohenden Image-Schaden für den Standort Berlin und beeilten sich, das
Lab-Projekt im Prenzlauer Berg zu installieren.

Anhaltender Widerstand

Doch auch am Pfefferberg begann sich rasch eine merklicher Protest
zu formieren, bei dem der nur wenige Schritte entfernt beheimatete
Anwohnerverein »Leute am Teute« um den Teutoburger Platz eine
wichtige Rolle spielt. Auch hier erkannte man rasch, dass es beim
BMW Guggenheim Lab nicht um die Installierung eines emanzipatorischen Diskussionsforums geht, sondern um den elitären Versuch,
den Verlauf wichtiger gesellschaftliche Debatten mit Hilfe einer entsprechenden Rahmensetzung zugunsten privater Profitinteressen zu
steuern. Die Interessen eines Konzerns, einer weltweit agierenden Museumsstiftung und einer selbstbezüglichen Kulturszene, der es mehr
um symbolischen Distinktionsgewinn denn um eine wirksame politische Kritik zu tun ist, gingen dabei Hand in Hand. Ende März 2012
gaben Projekte und Initiativen aus dem Prenzlauer Berg und Mitte in
einem Protestschreiben zu verstehen, dass auch sie nicht bereit seien,
die Dialog-Inszenierung des Automobil-Konzerns einfach hinzunehmen. Sie forderten, dass die Zukunft Berlins nicht eine der Eigentumswohnungen und Luxusbauten, sondern eine der Mieterinnen und
Mieter sein müsse. »Für Mieterinnen, Projekte und Initiativen ist der
Alltag durch steigende Mieten, Zwangsräumungen und Kürzungen
von Kultur- und Sozialprojekten bestimmt. Da ist die Frage weniger,
wie können wir uns eine Stadt der Zukunft vorstellen, sondern wie

können wir in der Stadt in Zukunft überhaupt noch leben. Wo sind die bezahlbaren Wohnungen, wo sind die nicht kommerziellen Angebote, ob Bibliotheken, Jugendclubs oder Freizeit- und Sporteinrichtungen? Die meisten Menschen in dieser Stadt fragen sich nicht, wie sie ihre Mietwohnung in Eigentum umwandeln können, sondern wovon sie leben sollen, weil die Miete immer weiter steigt.« Die Unterzeichner erinnerten daran, dass der Grundstock des heutigen BMW-Vermögens durch die Ausbeutung von Zwangsarbeitern und die Arisierung von jüdischen Unternehmen im Nazifaschismus gelegt wurde, und erklärten, nicht die Statisten für die Imagekampagne eines Autoherstellers sein zu wollen. Sie hätten nicht darauf gewartet, ausgerechnet von BMW gefragt zu werden, wie sie sich die Stadt der Zukunft vorstellen und bräuchten keine Diskussionskultur, die von dem Autokonzern organisiert, strukturiert und moderiert werde. Schließlich kündigten sie Widerstand gegen die Instrumentalisierung der Demokratie für privatwirtschaftliche Zwecke an. Die erste Aktion ließ dann auch nicht lange auf sich warten. Am 24. April 2012 versammelten sich auf eine Initiative des Anwohnervereins »Leute am Teute« trotz strömenden Regens bis zu einhundert Menschen gegenüber dem Pfefferberg-Eingang zu einer Video-Kundgebung. Der Dokumentarfilm »Das Schweigen der Quandts« führte den Demonstranten und den sie begleitenden Polizeibeamten vor, wie sehr der Automobil-Konzern in die Naziverbrechen verstrickt ist.

Leuchtturmprojekt der Immobilienwirtschaft

Waren es damals die Methoden der Diktatur, die es dem Unternehmen ermöglichten, seinen Profit zu steigern, soll heute der gleiche Zweck unter anderem mit Hilfe einer nur scheinbar demokratischen Kunstinszenierung erreicht werden. Das BMW Guggenheim Lab steht damit exemplarisch für eine gefährliche Eindämmung demokratischer Prozesse in Deutschland. Wichtige Fragen des Zusammenlebens werden zunehmend in öffentlichen Foren debattiert, deren Rahmen von konzernnahen Sponsoren wie der Bertelsmann Stiftung bestimmt wird.

Die Verfolgung privater Interessen verkleidet sich auf diese Weise als
Interesse am Gemeinwohl. Der Blick auf alternative Gesellschaftsent-
würfe, die mit der Logik der Kapitalverwertung brechen, wird dagegen systematisch verstellt. Vornehmlich in Großstädten werden die
Bürger ständig dazu animiert, sich mehr in ihre eigenen Belange ein-
zumischen. »Das BMW Guggenheim Lab stellt einen Diskursrahmen,
der mit angesagten Begriffen wie Nachhaltigkeit, Verantwortung,
Kreativität und Partizipation zu glänzen versucht, ohne jedoch diese
mit Substanz zu füllen. Einer kunst- und kulturinteressierten Mittelschicht, angezogen von der bekannten Marke Guggenheim, bietet das
Lab eine Art Volkshochschule des guten Gewissens, frei von Fragen
und Antworten zu tiefgreifenden gesellschaftlichen Veränderungen
und der dafür notwendigen sozialen Basis«, schrieb Tobias Höpner
in der Mai-Ausgabe 2012 des Berliner *Mieterecho* (Nr. 354, S. 12). Kein
Wunder, dass die Finanzbranche nicht nur keine Bedrohung in dem
Projekt sieht, sondern es sogar als preiswürdig betrachtete. Am 27. Januar 2012 zeichnete der Finanzen Verlag das BMW Guggenheim Lab
in München mit seiner alljährlich ausgelobten »Goldenen Bulle« in
der neu gegründeten Sparte »Kunst & Kultur« aus. Der Verleihung des
»Oscars der Finanzbranche« wohnt, wie der Verlag über seine Internetseite finanzen.net verkündet, stets das »Who's Who der deutschen
Finanzszene« bei. Die Jury sprach von einem weltweiten »Leucht-
turmprojekt«, das dem »Zusammenwirken von Wirtschaft und Kultur
eine völlig neue Qualität« verleihe.

3.
Positive Multiplikatoren schaffen

Trojanische Pferde neoliberaler Stadtentwicklung

Im August 2011 befasste sich der *Immobilienmanager*, ein Magazin für die Immobilienbranche, in einem Themenschwerpunkt mit der Frage, wie kritische Bürger schon im Vorfeld von Großbauprojekten so in die Entwicklungsprozesse einbezogen werden können, dass die Interessen der Eigentümer am besten zur Geltung gebracht werden. Im Gespräch mit der Zeitschrift sagte Joachim Wieland, seines Zeichens Sprecher der Geschäftsführung der Aurelis Real Estate GmbH & Co. KG, einem Unternehmen, das sich auf Stadt- und Projektentwicklung spezialisiert hat, dass man »die Meinungsbildung nicht den Gegnern überlassen« dürfe. Die Einbindung der Bürger müsse organisiert werden, noch »bevor Entscheidungen getroffen werden.« Anlieger, Multiplikatoren, Medien, Verbände und Organisationen wollten heute unmittelbar und ohne politischen Filter wissen, was an ihrem Standort passiert und ihre Standpunkte einbringen. Sein Unternehmen gehe daher davon aus, »dass zukünftig große Bau- und Infrastrukturprojekte nur noch dann durchgesetzt werden können, wenn sie in dialogorientierten Verfahren transparent gemacht und mit den interessierten Gruppen vorab diskutiert werden. Diese Methode ist zwar mit einem höheren zeitlichen, finanziellen und personellen Aufwand verbunden, im Ergebnis aber zielführender und konfliktfreier als der Versuch, Beteiligungsinteressen zu ignorieren.«

Kritiker, da sind sich die Strategen der Immobilienbranche einig, müssten ernst genommen werden. Da die Bürger heute gut vernetzt seien, setzt die Branche zunehmend auf eine gläserne Kalkulation. Das heißt, der Projektentwickler soll am besten von vornherein alle Informationen offen legen. Mit Hilfe von eigenen Blogs und anderen Social-Media-Strategien, so glaubt man in diesen Kreisen, könnten die Unternehmen das Netzgeschehen selbst aktiv beeinflussen. Bewährt hätten sich »positive Multiplikatoren« – Bürger, die öffentlich für ein Projekt plädierten. So greift die von Bauunternehmen unterstützte Gesellschaft zur Förderung umweltgerechter Straßen- und Verkehrsplanung (GSV) schon seit mehr als dreißig Jahren gerne solchen Bürgerinitiativen organisatorisch und finanziell unter die Arme, die sich für Straßenprojekte einsetzen. Und durch einen im Bayerischen Rundfunk ausgestrahlten Filmbeitrag wurde bekannt, dass bei den Aktivitäten einer Bürgerinitiative, die in Gilching nahe bei München gegen die Mehrheit im lokalen Gemeinderat einen Bürgerentscheid zugunsten des Baus eines Aldi Logistikzentrums mitten in einem Landschaftsschutzgebiet durchsetzen wollte, offenbar das Unternehmen selbst seine Finger mit im Spiel hatte.[25]

Das erinnert an die von Unternehmern initiierten oder geförderten sogenannten Gelben Gewerkschaften, die den Zweck haben, jene Organisationen zu schwächen, die wirklich die Interessenvertretung der Lohnabhängigen im Sinn haben. Hierzu zählen einige christliche Gewerkschaften. Der Ursprung dieser Trojanischen Pferde der kapitalistischen Unternehmer in der Arbeiterbewegung liegt bereits in den Arbeitskämpfen des späten 19. Jahrhunderts. Der ideologische Grundgedanke hinter diesen Organisationen ist, dass sich durch einen partnerschaftlichen Dialog der lohnabhängig Beschäftigten mit den Unternehmern mehr erreichen ließe als durch Streiks und andere Arbeitskampfmaßnahmen. Tatsächlich stärken die Gelben Gewerkschaft das meist ohnehin krasse Übergewicht des Kapitals in den Tarifauseinandersetzungen.

---

25   Vgl. www.br.de/fernsehen/bayerisches-fernsehen/sendungen/quer/120913-quer-spekulanten-100.html?time=0

Das Beispiel Hamburg-Altona

Zurück zur Immobilienbranche: Als ein Beispiel für ein gelungenes
Bürgerengagement im Interesse der Immobilienwirtschaft führte Harald Hempen, der Leiter der Region Nord der Aurelis Real Estate,
die Durchsetzung der Ikea-Ansiedlung in Hamburg-Altona mittels
eines Bürgerbegehrens an. Das berichtete die Branchenzeitschrift *Immobilienmanager* (11. August 2011). Tatsächlich hatte die Einzelhänd-
ler-Interessengemeinschaft der Großen Bergstraße mit Unterstützung
der *Bild*-Zeitung und aller stadtpolitisch verankerten Parteien mit
Ausnahme der Linksfraktion im Jahr 2009 ein »Pro Ikea«-Bürgerbe-
gehren initiiert, weil die eigentlich zur Aufwertung der in die Jahre
gekommenen Einkaufsstraße eigens herbeigeholten Künstler sowie
linke Stadtteilgruppen anstelle des Möbelriesen dort lieber ein an
den Interessen benachteiligter Schichten ausgerichtetes Soziokultur-
zentrum eingerichtet gesehen hätten. Für die Ikea-Ansiedlung spra-
chen sich schließlich 77 Prozent der Stimmen im Bezirk Altona aus.
Den Journalisten Christoph Twickel veranlasste dieser Vorgang zu der
Bewertung, dass sich die wirklichen Machtverhältnisse in einer Stadt
dann zeigten, wenn die kreative Aufwertung durch den »kulturell-
demokratisch-partizipatorischen Komplex« zum Hindernis für die
Interessen der Immobilienwirtschaft werde. »Stadtentwicklungspoliti-
sche Realpolitik heißt: den Weg dafür zu ebnen, dass Immobilienver-
wertung stattfindet.«[26]

Sobald sich ein Investor gefunden hat, haben die Künstler ihre
Schuldigkeit getan und die zuvor eingesammelten Bürgerwünsche zur
Gestaltung ihres Viertels rücken in den Hintergrund. »Nach sieben
Jahren Quartiersmanagement mit Partizipations- und Workshop-An-
geboten, die unzählige kosmetische Belebungs- und Säuberungsver-
suche der Einkaufsstraße nach sich gezogen haben, ist man in der Anwohnerschaft völlig illusionslos. ›Da passiert ja doch nichts‹, lautet die
typische Reaktion von Passanten, wenn man sie auf den von Immo-

---

26   Twickel, Christoph: Gentrifidingsbums oder eine Stadt für alle. Hamburg
     2010, S. 68

bilienfonds zu Immobilienfonds wandernden Frappant-Komplex an-
spricht. So produziert der Rückzug der öffentlichen Hand die Enttäu-
schung, die Großinvestoren zu Heilsbringern und die Privatisierung
von Stadtentwicklung zur besten Lösung werden lässt. Zumal dann,
wenn es sich um einen Investor wie Ikea handelt, dessen Produkte
sich alle leisten können und dessen Häuser nach dem Prinzip Disney-
land aufgebaut sind: eine familienfreundliche Erlebniswelt, die vom
Bällebad bis zum Schnellrestaurant und den Schnäppchen-Hotdogs
die Besucher mit Angeboten umsorgt, die sie im öffentlichen Raum
nicht finden.«[27] Angesichts dieser Entwicklung zeigt sich Twickel ausgesprochen kritisch gegenüber der heute üblichen Praxis, das vor einigen Jahren aus den USA importierte Konzept der »Kreativen Klasse« als ein Leitbild zu verstehen, mit dem die Stadtpolitik auch in
Deutschland neuen Schwung bekommen soll.

---

27 Twickel, Gentrifidingsbums, S. 68 f.

4.
Kreativer Sozialabbau

Oder: Die Avantgarde des »linken Neoliberalismus«

Auf in die temporäre autonome Zone! Selbstbestimmt mit Yoga und allem drum und dran. Im August 2007 schien es für kurze Zeit so, als sei der Geist alter Sponti-Zeiten ganz unerwartet wieder auferstanden. Doch halt! Was ein paar findige Kreativunternehmer unter dem Titel »9to5 – Wir nennen es Arbeit« als alternative Branchenmesse im damals angesagten Berliner Radialsystem veranstalteten, stand nur vorgeblich in der Nachfolge des legendären 1978er Tunix-Kongresses der westdeutschen Alternativszene und hatte mit ernst gemeinter Gesellschaftskritik denkbar wenig zu tun. »Der Kapitalismus ist ihrem Verständnis nach eigentlich gar nicht schlecht, er sieht nur scheiße aus. Demnach wird keine bessere Welt gefordert, sondern lediglich ein besseres Design der bestehenden«, lautete damals ein ungeschminktes Urteil.[28] Und tatsächlich propagierten die Veranstalter des konformistischen Spektakels einen »linken Neoliberalismus« als »kapitalistisch-sozialistisches Joint Venture« und kündigten an, auf dieser Basis neue Formen von Kooperation und Kollektivität erproben zu wollen. Das liest sich wie ein verspäteter Scherz einer bisher noch nicht bekannten Fraktion der Spaßguerilla. Doch subversiv war die gewollt ironisch wirkende Geste nicht.

---

28   Artus, Diana: Der Bohemien zahlt selbst, in: Jungle World, Nr. 36, 06.09.2007

Denn die soziale Frage spielte in den Diskussionen der selbst-
ernannten Digitalen Bohème eine erstaunlich geringe, die Kritik gesellschaftlicher Macht- und Klassenstrukturen gar keine Rolle. Sofern
ihre Veranstaltung über den bloßen Marketingzweck hinaus einen
Inhalt hatte, betrieben Holm Friebe[29] und seine Mitarbeiter von der
virtuellen Firma »Zentrale Intelligenz Agentur« (ZIA)[30] in erster Linie
Nabelschau für ein Milieu aus hochqualifizierten, aber abstiegsgefähr-
deten Mittelschichtskindern. Was um sie herum sonst noch passierte,
wie es den Sprösslingen aus Arbeiter- oder Hartz-IV-Familien ging,
nahmen sie kaum wahr. Das war nicht ihre Baustelle. Schon ein ober-
flächlicher Blick in die Welt der Ich-Unternehmer aber zeigt zur Ge-
nüge, dass eine freiberufliche Existenz in Friebes digitaler Welt des
schönen Scheins, der schnell realisierten Projekte und der unverbindlichen Kommunikation auch wenig Raum für solch ein Engagement
lässt. Wer in freischwebenden Kreativberufen seinen Lebensunterhalt
verdient, muss sich in der Regel derart mit seinem jeweiligen Projekt
identifizieren, dass daneben für ein politisches Engagement kein Platz
mehr ist. Die Idee einer partizipativen Demokratie hat unter den Bedingungen prekärer Selbständigkeit kaum eine Realisierungschance.
Wer unter den heutigen Konkurrenzbedingungen um sein ökonomisches Auskommen kämpfen muss, wird vor lauter Networking kaum

---

29   Der Volkswirt Holm Friebe ist als Autor von *Jungle World*, der *taz*, *Titanic*,
     konkret, *Neon* und die *Berliner Zeitung*, als Redakteur für den Fernsehsender
     MTV sowie als Geschäftsführer der virtuellen Firma Zentrale Intelligenz
     Agentur in Erscheinung getreten, für die auch Sascha Lobo tätig ist. Seine
     Spezialgebiete sind nach eigenen Angaben das Internet, Public Relations,
     konsistente Markenkommunikation und Unterhaltung.

30   Das ist ein selbsterklärter Think Tank von zum Teil in Münster popso-
     zialisierten Geschäftsleuten, die in der Sinnstiftung für karriereorientierte
     Ich-Unternehmer und prekäre Kulturexistenzen eine anscheinend luk-
     rative Marktlücke im Hightech-Kapitalismus entdeckt haben. Dazu ver-
     öffentlichen sie Artikel, Hörbücher, betreiben Internetseiten, werben Re-
     klameaufträge ein und nehmen schon mal erfolgreich als Kathrin Passig
     an einem Literaturwettbewerb teil. Die dort ausgehecken Bücher heißen
     »Das nächste große Ding« oder »Riesenmaschine«, versprechen »Neues
     von den Fronten des Fortschritts« oder »Das Beste aus dem brandneuen
     Universum«.

Muße finden für Solidarität, Freundschaftspflege oder gar Familien-
gründung. Dort wo die Kreativsemantik bereits in politische Programmatik Einzug gehalten hat, verstärkt sie die Tendenz der Ökonomisie-
rung aller Lebensbereiche.

Das Beispiel der Hamburger Grünen ist dafür symptomatisch.
Unter dem Begriff der »Kreativen Stadt« versammelten sie 11 Thesen zur alternativen hanseatischen Wirtschaftsförderung, mit denen
sie vor einigen Jahren auf die Veräußerung öffentlichen Eigentums
setzten. Zugleich propagierten sie eine Form von multikultureller
Toleranz, die nicht die Nöte der Flüchtlinge und Zuwanderer zum
Ausgangspunkt politischer Weichenstellungen machte, sondern eine
Zuwanderungspolitik, die sich vor allem in Euro und Cent auszahlen
sollte. So wurde aus grüner Multi-Kulti-Programmatik eine am Markt
orientierte Standortpolitik. Auf eine verdrehte Weise agierten die
Propagandisten der Digitalen Bohème tatsächlich als eine Art Avant-
garde. Nur dass sie nicht den gesellschaftlichen Fortschritt, sondern
den Abriss sozialer Sicherheiten ins Werk zu setzen halfen.

Der neue Geist des Kapitalismus

Im Grunde sind sie wenig mehr als die ideologischen Hilfstruppen
eines Kapitalismus, der es vermochte, die Kritik seiner meist links-
orientierten, auf Selbstorganisation und freie Entfaltung pochenden
Gegner aufzunehmen und sich dadurch auf eine neue Weise als
vermeintliche Speerspitze des Fortschritts zu legitimieren. In den
Arbeitswelten der wissensbasierten High-Tech-Ökonomie geht es weniger um die Einübung von Unterordnungsbereitschaft von Kollektiven denn um den Appell an die Eigeninitiative der Individuen. Die
neoliberale Ideologie bezieht einen Großteil ihrer Überzeugungskraft
aus der Umpolung von Begriffen und Schlagworten wie »Selbstbestimmung«, »Autonomie« oder »Spontaneität«, mit deren Hilfe anti-
autoritäre Linke und gegen bürgerliche Konventionen rebellierende
Künstler einst eine widerständige Bewegung beflügelt hatten. Ausgerechnet die Kunst, die sich im Rahmen der bürgerlichen Gesellschaft

über viele Jahrzehnte vehement und plakativ gegen die vollständi-
ge Unterordnung des Sozialen unter die Imperative des Marktes zur
Wehr zu setzen schien und in Gestalt der Mail Art[31] oder anderer
Spielarten der Partizipationskunst[32] in der zweiten Hälfte des 20. Jahrhunderts mit alternativen Tausch- und Kommunikationsformen ex-
perimentiert hatte, entpuppt sich ironischerweise daneben und vielleicht gerade deshalb *auch* als ein hervorragendes Experimentierfeld
für die Erprobung flexibler Arbeitsformen. Nach Befreiung klingende
Schlagworte wie »Selbstbestimmung«, »temporäre autonome Zone«,
»Kreativität« und »Eigeninitiative« standen zunehmend nicht mehr
für Weg und Ziel eines von Solidarität geprägten Widerstandes gegen
Kapitalkräfte und eine am Ausnahmezustand orientierte staatliche
Repression, sondern für die rhetorische Aufhübschung des Klein-
unternehmertums und einer prekären Selbstständigkeit unter den
Bedingungen einer Informationsgesellschaft, die nach wie vor eine
Klassengesellschaft ist.

   Zentrale Fahnenwörtern der 68er-Bewegung verklären die rück-
sichtslose Konkurrenzgesellschaft als beste aller möglichen Welten.
Die Soziologen Luc Botanski und Ève Chiapello widmeten diesem
Phänomen am französischen Beispiel eine umfangreiche Untersuchung und prägten den Begriff »neuer Geist des Kapitalismus«. Sie
zeigen auf, dass sich die Gegner und die Akteure des heutigen Neoliberalismus die gleichen Begriffe auf die Fahnen geschrieben haben:
Aktivierung, Spontaneität, das Arbeiten in Netzwerken und mit fla-
chen Hierarchien.[33] Nun war es das Wirtschaftsmagazin *Brandeins*,
das in seiner Schwerpunktnummer ›Ideenwirtschaft‹ unverfroren die
permanente »kreative Zerstörung« (*Brandeins*, Heft 5, Mai 2007, S. 60)
als wichtigste Errungenschaft der restlos nach Konkurrenzprinzipien

---

31   Vgl. Staatliches Museum Schwerin (Hg.): Mail Art. Osteuropa im interna-
     tionalen Netzwerk (Ausstellungskatalog), 1996

32   Kravagna, Christian: Arbeit an der Gemeinschaft. Modelle partizipatori-
     scher Praxis, in: Babias, Marius / Könneke, Achim (Hg.): Die Kunst des
     Öffentlichen. Dresden 1998, S. 28-46

33   Luc Botanski / Ève Chiapello: Der neue Geist des Kapitalismus. Konstanz
     2006

strukturierten Gesellschaft feierte. Man hoffte in diesem asozialen Sinne auf »die Umkehrung aller Verhältnisse, wie wir sie kennen« (ebd., S. 54). Als ›Netzwerk‹ beschrieben, erhielt das Projekt ungehemmter Ausbeutung eine unerwartet fortschrittliche Aura. Und während führende Sozialdemokraten den Begriff der »Klasse« als vermeintlich rückwärtsgewandt aus dem politischen Wortschatz verbannten, verwandelte ihn der US-Ökonom Richard Florida in ein neoliberales Kampfinstrument, mit dem Ex-Linke und Grüne der Zerstörung des Sozialstaates eine innovative Aura verliehen.[34]

Der Aufstieg des Richard Florida

Als Unternehmer gründete Florida zwei Kommunikations- und Beratungsfirmen sowie einen eigenen Think Tank, der ganz unbescheiden seinen eigenen Namen trägt. Die in Washington, D. C. angesiedelte *Richard Florida Creativity Group* (RFCG) versteht sich als Beratungsunternehmen, das Unternehmen, Kommunen und Regierungen in der ganzen Welt für den globalen Wettbewerb fit zu machen verspricht. Floridas Erfahrungen als Unternehmens- und Politikberater sind nützlich, um für seine Bücher über die sogenannte »Kreative Klasse« weltweit die Werbetrommel zu schlagen.[35] Seinen Siegeszug begann der Begriff spätestens im Jahr 1998 in Großbritannien. Da-

---

34 Richard Florida ist Wissenschaftler, Unternehmer und Public Relations Spezialist in eigener Sache. Als Sozialwissenschaftler hat er am MIT und an der Harvards Kennedy School of Government gelehrt. Als Autor publizierte er in den wichtigsten überregionalen Zeitungen der USA, darunter die New York Times, das *Wall Street Journal,* die *Washington Post, der Boston Globe,* der *Economist,* die *Harvard Business Review,* die *Atlantic Monthly* und die *U.S. News.*

35 Dem »Aufstieg der kreativen Klasse« folgte »Die Flucht der kreativen Klasse« (»The Flight of the Creative Class: The New Global Competition for Talent, New York 2005«). Neben einflussreichen Intellektuellen aus dem wirtschaftsliberal gewendeten Alternativmilieu werben Zeitungen wie *Brandeins, Wirtschaftswoche, Die Welt* und *Welt am Sonntag* hierzulande eifrig für die Thesen seiner noch nicht ins Deutsche übersetzten Bücher.

mals hatte das Kulturministerium der Blair-Regierung einen Bericht über die sogenannten kreativen Industrien vorgelegt. Individuelle Innovationsfreude und die Verwertung geistigen Eigentums wurden darin als bisher unterschätzte Faktoren wirtschaftlicher Produktivität definiert. Im Rahmen groß angelegter städtischer Umstrukturierungsprojekte versah man ehemalige Industriestädte mit einer Infrastruktur, die auf die Profit verheißende Ansiedlung kreativer Industrien zielte. Von diesem staatlich forcierten Strukturwandel im Vereinigten Königreich inspiriert, verfasste Florida mehrere internationale Bestseller, die das ökonomische Potenzial kreativen »Humankapitals« und die Bedingungen seiner Verwertung zum thematischen Schwerpunkt machen. Mit dem Sachbuchbestseller »Der Aufstieg der kreativen Klasse«[36] gelang ihm der weltweite Durchbruch. Das Buch enthält eine eigentümliche Melange aus Klassenterminologie und Kreativsemantik.

Die wichtigsten Thesen sind schnell zusammen gefasst. Wissenschaftler, Ingenieure, Künstler, auch Manager und all jene Angestellte, für die die Produktion guter Einfälle für die Karriere ausschlaggebend ist, bilden gemeinsam eine »Kreative Klasse«. In den USA seien das 38 Millionen Amerikaner, »die ihr Wissen, ihre Intelligenz und Kreativität nutzen, um messbare wirtschaftliche Werte zu schaffen.« (*Welt am Sonntag*, 14.07.2002) Was für die ökonomische Produktivität zählt, ist nicht die formale Qualifikation sondern die wie auch immer erworbene kreative Kompetenz all jener, die in irgendeiner Art und Weise innovativ arbeiten. Die Angehörigen der »Kreativen Klasse« zeichnen sich laut Florida dadurch aus, dass sie Kapital aus ihren wie auch immer erworbenen Fähigkeiten zu schlagen verstehen. Ihr Betätigungsumfeld sieht er in der weltweit verbreiteten urbanen Kultur moderner Großstädte. Die dort beheimatete Populär- und To-Go-Kultur, mit ihren jungen Kommunikations- und Dienstleistungsunternehmen, ihrem Fitnesskult und hedonistischen Wertehorizont habe einen entscheidenden Anteil an der kreativen

---

36   Florida, Richard: The Rise of the Creative Class: And How It's Transforming Work, Leisure, Community, and Everyday Life. New York 2002

Neuerschöpfung des individuellen Lebens, der Wirtschaft und der Gesellschaft. In Floridas Worten: »Die *Kreative Klasse* ist die normensetzende Klasse unserer Zeit. Aber ihre Normen sind anders: Individualität, Selbstausdruck und Offenheit für Verschiedenartigkeit werden der Homogenität, Konformität und dem ›fitting in‹ vorgezogen, die für das Zeitalter der Organisationen kennzeichnend waren.«[37] Da die Produktivität in der »Informationsgesellschaft« immer mehr vom Engagement der »Kreativen« abhänge, sieht Florida die öffentliche Hand und die privatwirtschaftlichen Betriebe vor eine gemeinsame Aufgabe gestellt.

Um erfolgreich zu sein, müssten sich öffentliche Wirtschaftsförderungsprogramme und betriebswirtschaftliche Unternehmensstrategien an den Interessen und Wünschen der Kreativen Klasse orientieren. Die Investitionen müssten von Maschinen und anderen Formen technischer Infrastruktur in jene Bereiche umgeleitet werden, die einen Wirtschaftsstandort für Kreative attraktiv machten. Gefordert sei ein stimulierendes urbanes Umfeld, das den Kommunikations-, Konsum- und Zerstreuungswünschen der Kreativen Klasse gerecht werde. »Im Gegensatz zur häufig von Techno-Futuristen geäußerten Ansicht, das verkabelte und kabellose Informationszeitalter habe den Ort irrelevant werden lassen, sind die Kreativarbeiter, mit denen ich gesprochen habe, einhellig der Meinung, dass er von zentraler Bedeutung ist. Diese Menschen bestehen darauf, in einem kreativen, stimulierenden Umfeld zu leben.«[38] Eine erfolgreiche Standortpolitik von Ländern und Kommunen müsse sich daher weniger an den steuerlichen Anreizen für multinationale Konzerne als an der Schaffung eines adäquaten Lebens- und Arbeitsumfelds für kreative Köpfe orientieren. Denn die Global Player tendierten dazu, immer mehr an jenen Orten zu investieren, wo sie fähige und kreative Arbeitskräfte dauerhaft an sich binden könnten.

---

37 Florida zitiert nach Goehler, Adrienne: Verflüssigungen. Wege und Umwege vom Sozialstaat zur Kulturgesellschaft. Frankfurt/New York 2006, S. 115.

38 Florida zitiert nach Friebe, Holm und Sascha Lobo: Wir nennen es Arbeit. Die digitale Bohème oder: Intelligentes Leben jenseits der Festanstellung. München 2006, S. 141.

Entsolidarisierung mit drei Ts

Die internationale Wettbewerbsfähigkeit regionaler Wirtschaftsstand-
orte sieht Florida an drei Faktoren geknüpft. Die Zauberworte heißen:
»Technologie«, die Förderung der »Talente« der Menschen und die
»Toleranz« gegenüber anderen Lebensformen. In diesem Zusammenhang gibt Florida dem Solidaritätsbegriff eine ganz neue Bedeutung.
Nicht mehr um die Unterstützung sozial Benachteiligter oder gar den
solidarischen Kampf gegen die Ungleichheit soll es gehen, sondern
um das blanke Gegenteil: die öffentliche Förderung und ökonomische
Abschöpfung jener Fähigkeiten, mit denen sich die Individuen in der
atomisierten Konkurrenzgesellschaft als Wirtschaftssubjekte durchzusetzen vermögen. In der Tageszeitung *Die Welt* gab Florida daher die
Losung aus: Solidarität bestehe »in der Weiterentwicklung menschlicher Fähigkeiten« (*Welt*, 20.03.2006). Die Menschen sollten ihre
Gelegenheit bekommen, »das zu sein, was sie sein möchten« (ebd.).
Auf diese Weise kann die »Kreativität eines jeden einzelnen sinnvoll
genutzt werden«. (ebd.) Für die Unternehmerprofite ist das schon deshalb günstig, weil die kreative Entfaltung am prekären Arbeitsplatz
sogar mit einer Ersparnis von Lohnkosten oder Honoraren einherge-
hen mag. Schließlich sei die Ermöglichung von Selbstverwirklichung
»noch wichtiger [...] als Geld.«
    Die US-Zeitschrift *Fortune* (10. Juli 2006) folgerte in zynischer
Konsequenz aus Floridas Thesen, dass die zunehmend verarmen-
den amerikanischen Arbeiter gefälligst mehr Kreativität am Arbeitsplatz entwickeln sollen, wenn sie ihre Löhne steigen sehen wollten.
Die fröhliche Wissenschaft des Richard Florida misst ökonomisches
Potenzial mit einem Bohème- und Schwulen-Index. Gegenüber der
Welt am Sonntag erklärte er: »Beides sind Indikatoren dafür, dass eine
Stadt das richtige Ökosystem für Kreativität bietet. Schwule und Bo-
hemiens treiben nicht unbedingt selbst die Wirtschaft voran. Aber
wo sie sind, finden sich Innovation und wirtschaftliches Wachstum.
In den USA zum Beispiel in San Francisco und New York.« (*WamS*,
14.7.2002) Städte, denen es nicht gelänge, eine ausgeprägte Schwulen-
und Einwandererkultur zu etablieren, seien dazu verdammt, zu Ver-

lierern im globalen Wettlauf um ökonomische Entwicklung zu werden. Lokalpolitiker, die die Zeichen der Zeit erkannt haben, müssten sich also bemühen, für die genannten Bevölkerungsgruppen attraktive Lebensbedingungen zu schaffen. Konservative Sexualmoral und restriktive Immigrationsgesetze müssten weichen, damit wirtschaftlicher Erfolg möglich werde. Die Schnittfläche zur Multi-Kulti-, Bildungs- und Minderheitenpolitik des heutigen rot-grünen Establishments ist unübersehbar. Es ist daher auch nicht verwunderlich, dass Florida mit all dem bei den heutigen Vordenkern der Grünen und radikalliberal gewendeten Intellektuellen offene Türen einrennt und zu einem der wichtigsten Theoretiker der neoliberalen Umpolung grüner Parteiprogrammatik avanciert.

Seine Theorie der »Kreativen Klasse« hat für diese einflussreichen Gruppen einen entscheidenden Vorteil. Sie ermöglicht die organische Einbindung von Ideen und Praktiken einer fortschrittlichen Sexual-, Ausländer- und Minderheitenpolitik in das neoliberale Projekt. Mitglieder und Wähler der Grünen können sich mit weltoffenen Ideen identifizieren. Gegenüber einer konservativen Abwehrhaltung gegen alle Lebensmodelle, die nicht der heterosexuellen Paarbildungsnorm entsprechen, und den fremdenfeindlichen Ressentiments ewiggestriger Nationalisten vermögen sie sich weiter als tolerante Linke definieren – ohne sich dabei an der kapitalistischen Herrschaftsordnung zu stoßen. In der *WirtschaftsWoche* (41/2006) erklärte Florida seinen deutschen Lesern: »Ihr habt einen schwulen Bürgermeister in Berlin, eine Frau als Bundeskanzlerin und eine starke Kultur der Selbstentfaltung. Das sind wichtige Errungenschaften. Deutschland muss aber offener für Menschen aus aller Welt werden.« Linkssein wurde reduziert auf die Frage eines urbanen Lebensstils. Schließlich wurden von den Ideologen heutiger Unternehmenskultur schon seit einiger Zeit jene Leitideen propagiert, für deren Durchsetzung verschiedene Generationen immer wieder auf die Straße gegangen waren: Eigeninitiative, Spontaneität und Selbstorganisation. Selbst die Aufbruchsstimmung einer Protestbewegung schien zurückzukehren, als Richard Florida die menschlichen Kreativkräfte fortschrittseuphorisch zum noch unausgeschöpften Potenzial für die Neugestaltung der Welt ausrief. Floridas

Rezepte kamen den sozialen Ideen ehemals linker Politiker und den neoliberalen »Modernisierern« aller Parteien entgegen und schienen zudem kurz- und mittelfristig politisch umsetzbar zu sein. Die verwendeten Schlagworte waren ferner plakativ und alltagsplausibel genug, um in Wahlkämpfen genutzt werden zu können. Wer wollte schon bestreiten, dass es sich bei der Förderung von Kreativität um eine gute Sache handeln müsse?

Verkehrte Klassentheorie

In Deutschland war einige Jahre lang eine ganze Reihe von intellektuellen Helfern nach Kräften und mit einigem Erfolg darum bemüht, Floridas Konzepte auch hierzulande zum Durchbruch zu verhelfen und auf diese Weise »den neuen Geist des Kapitalismus« als vorherrschende Denk- und Praxisform zu verankern. Zu diesen Leuten gehören Publizisten wie der selbsternannte »Zukunftsforscher« Matthias Horx,[39] die grüne Feministin Adrienne Goehler[40] sowie die eingangs bereits erwähnten Propagandisten einer sogenannten »digitalen

---

39   Der Soziologe Matthias Horx hat in den frühen Achtzigern als Redakteur bei der Frankfurter Sponti-Zeitung Pflasterstrand gearbeitet und verfasste Science Fiction-Romane. Er schrieb danach für das Zeitgeistmagazin Tempo, Die Zeit und den Merian. Heute schreibt er als Kolumnist in der Berliner Zeitung und widmet sich vor allem zwei Aufgaben: der nachträglichen Diffamierung der linksalternativen Szene und dem Schönschreiben des Kapitalismus als bestmögliches Fundament menschlichen Zusammenlebens. Zu diesem Zweck betreibt er Trendforschung und gründete den Think-Tank Zukunftsinstitut bei Frankfurt a. M.

40   Die studierte Romanistin und Psychologin Adrienne Goehler betätigte sich als feministische Literaturwissenschaftlerin in Freiburg. Sie war von 1986 bis 1989 für die Grünen (GAL) Abgeordnete in der Hamburger Bürgerschaft und hat die grüne Frauenfraktion mitbegründet. Von 1989 bis 2001 stand sie der hanseatischen Hochschule für Bildende Künste als Präsidentin vor. Für sieben Monate wirkte sie nach dem Zusammenbruch der Großen Koalition als Senatorin für Wissenschaft, Forschung und Kultur der rot-grünen Übergangsregierung, von 2002 bis 2006 als Kuratorin des Hauptstadtkulturfonds in Berlin.

Bohème«, namentlich Holm Friebe und Sascha Lobo. Worum es Adrienne Goehler vor allem zu tun war, verrät schon der Untertitel ihres Buchs »Verflüssigungen«: Sie suchte nach dem erfolgträchtigsten Weg »vom Sozialstaat zur Kulturgesellschaft«. Der Begriff der Partizipation war für die ehemalige Grünenpolitikern dabei nach wie vor von einiger Bedeutung. Nur dass er jetzt nicht mehr für das Primat selbstbestimmter Politik von unten gegenüber den Interessen der ökonomisch Mächtigen steht, sondern für die Beteiligung der Bevölkerung an dem angeblich unvermeidlichen Abriss sozialstaatlicher Sicherheiten. Goehler warf den Parteien vor, ihnen fehle das Vertrauen, »der Bevölkerung die Teilhabe am notwendigen Umbau der ökonomischen und gesellschaftlichen Grundlagen dieser Republik zuzutrauen und ihr dafür Werkzeuge und Raum zu geben.«[41] Deshalb sollten ihnen die Künstler beratend zur Seite stehen. Freiberuflertum und atypische Beschäftigungsarten wie kurzzeitige Anstellung, Teilzeitarbeit oder Mehrfachanstellung sind schon lange Zeit die dominierenden Formen der Arbeitsorganisation im Bereich künstlerischer Produktion.

Den an unsichere Arbeitsverhältnisse gewöhnten Kreativen obliege es, der Bevölkerung vorzumachen, welche Arbeitsformen und Lebensmodelle dem flexiblen Kapitalismus angemessen sind. In neu zu schaffenden Foren sollten Künstler und Politiker erörtern, wie Unsicherheit im (Erwerbs-)Leben emotional integriert werden könne. Die real existierende Armut und existenzielle Not vieler Künstler deutete Goehler in einer ganz speziellen Art von Sozialromantik zu einer politavantgardistischen Tugend um. Statt ihren Mitbürgern die Augen für die Erfahrung neuer Welten zu öffnen, ihnen ungewohnte Sichtweisen auf das vermeintlich Bekannte zu zeigen und ihr Bewusstsein dafür zu schärfen, dass die Verhältnisse ganz anders sein könnten, als sie es sind, obliegt es ihnen nun, dem »flexiblen Menschen« die Anpassung an das vermeintlich Unabänderliche schmackhaft zu machen. Sie bewegt sich damit in den Fußspuren des im SPD-Grünen-Milieu äußerst beliebten Soziologen Ulrich Beck, der schon in den 1990er Jahren für ein Konzept unbezahlter »Bürgerarbeit« warb. Erwerbs-

---

41 Goehler, Verflüssigungen, S. 29

lose sollten, so schrieb Beck damals in der *Zeit* (Nr. 49, 28.11.2007) mit Hilfe von »Gemeinwohlunternehmen« auf freiwilliger Basis für soziale und kulturelle Arbeit eingespannt werden und dafür durch Ehrungen entlohnt werden. Mit dieser Form der Bürgergesellschaft ging es um Kostenersparnis für die öffentliche Hand und zugleich darum, die Bereicherung der zunehmend steuerentlasteten Unternehmen zu befördern.

Der französische Soziologe Pierre-Michel Menger hat untersucht, wie die Welt der Kunst und die mit ihr verbundene Kreativitätssemantik eine Vorbildfunktion für die Durchsetzung neoliberaler Maximen in immer größeren Bereichen der Arbeitswelt erlangt hat. Den Beschäftigten heutiger High-Tech-Unternehmen wird die gleiche Innovations- und Identifikationsbereitschaft mit ihrer Arbeit abverlangt, wie sie für bildende Künstler als typisch gilt. Auf der einen Seite liefern die vernetzte Organisation in den kreativen Beschäftigungsbereichen und die Arbeits- und Kommunikationsbeziehungen in der Welt der Kunst für andere Arbeitssphären ein zwecks Optimierung der Produktivität nachzuahmendes Organisationsmodell. Auf der anderen Seite gilt der Künstler als Vorbild für die gewünschten Qualitäten des neuen Arbeitnehmers, als da wären: Selbständigkeit, unabhängiges Denken und Handeln, Selbstinitiative, Einsatzbereitschaft, Selbstkontrolle, Flexibilität, persönliche Kreativität sowie Nutzung und permanente Weiterentwicklung von sozialen Kompetenzen, Kenntnissen und Techniken. Der Topos der schöpferischen Erneuerung hat sich bereits in vielen Produktionsbereichen festgesetzt. Der französische Kunstsoziologe Pierre-Michel Menger: »Die aus dem 19. Jahrhundert ererbte Vorstellung, die den Idealismus und die Selbstaufopferung des Künstlers gegen den berechnenden Materialismus und die Arbeitswelt ausspielten und der Figur des originellen, provozierenden und rebellischen Künstlers die Gestalt des konformistischen und spießbürgerlichen Bourgeois entgegenhielten, hat ausgedient. In Gestalt des fantasievollen, mobilen, hierarchiefeindlichen, sich selbst motivierenden Arbeiters, der sich in einem ungewissen Wirtschaftskontext bewegt und stärker den Risiken der interindividuellen Konkurrenz und den neuen Unsicherheiten der beruflichen Karriereplanung ausgesetzt ist, ähnelt der Künstler in den gegenwärtig vorherrschenden Vorstellungen eher einem möglichen Idealbild des Arbeitnehmers der Zukunft.«[42]

Während es Goehler vor allem darum zu tun ist, dass aus der sich ihrer Pionierfunktion für den Abbau des Sozialstaats noch nicht vollständig bewussten *Kreativen Klasse an sich* eine von den politisch Mächtigen zu Rate gezogene *Klasse für sich* wird, prognostiziert Matthias Horx die Konfliktlinien eines neuen Klassenkampfes zwischen den Kreativen und den »verbleibenden Kernangestellten um die Honorare für Marketing-, Design-, Beratungs- und andere ›Töpfe‹.«[43] Holm Friebe und Sascha Lobo wiederum spielen die zweifellos in der Regel nicht idealen Arbeitsbedingungen der Festangestellten gegen die Selbstverwirklichungsmöglichkeiten der kreativen Freiberufler und Kleinunternehmer aus. Mit beachtlichem Verkaufserfolg versuchen Sie uns weiszumachen, dass es sich bei den vermeintlich überkommenen Formen der Festanstellung durchweg um die fremdbestimmte Hölle auf Erden handele. Wenn schon nicht reich, dann aber arm aber glücklich werden zu können, verheißen sie dagegen denjenigen, die sich als kreative Ich-Unternehmer mit Haut und Haaren selbstbestimmten Vermarktungsideen verschreiben. Auf eigene Gefahr, versteht sich. Sie sind der Auffassung, dass »man mit den Grundregeln und Einrichtungen des Kapitalismus oft weiter kommt als gegen sie«.[44] Man zeigt sich mit dem Neoliberalismus versöhnt, ohne ihn je substanziell in Frage gestellt zu haben. Während für die Festangestellten »subtile Persönlichkeitsveränderungen«, ein blutleeres »Angestelltensprech« und die eintönige Orientierung an der »Kalenderwoche« symptomatisch seien, würden die Freiberufler draußen »unbekümmert und mit Spaß ihren Lebensunterhalt bestreiten.«[45] Ihr Plädoyer

---

42   Vgl. Menger, Pierre-Michel: Kunst und Brot. Die Metamorphosen des Arbeitnehmers. Konstanz 2006, S. 10

43   Horx, Matthias: Wie wir leben werden. Unsere Zukunft beginnt jetzt. Frankfurt/New York 2005, 138

44   Friebe, Holm / Lobo, Sascha: Wir nennen es Arbeit. Die digitale Bohème oder: Intelligentes Leben jenseits der Festanstellung. München 2006, S. 131

45   Friebe / Lobo, Arbeit, S. 67

für das moderne Kleinunternehmertum mündet in einem Loblied auf
die neuen Möglichkeiten eines flexibler werdenden Kapitalismus, in
dessen Gestaltung sich kreative Menschen einbringen sollten. Der
Kapitalismus sei »keine verkrustete Festung des Bösen, sondern ein
extrem aufgeschlossenes, lern- und wandlungsfähiges System. [...]
Vielleicht macht der Kapitalismus der Konzerne nur gerade eine
schwierige Umbruchphase durch und ist dabei auf unsere tätige Mit-
hilfe und Unterstützung angewiesen.«[46] Das Wichtigste, was Friebe
und Lobo vordergründig gegen das derzeitige System ökonomischer
Herrschaft vorzubringen haben, ist der zivilisationskritische Allge-
meinplatz, dass »uns materieller Wohlstand allein auf Dauer nicht
glücklich macht«[47] – eine Wendung, die sich indes mit der neoliberalen Aufforderung, »den Gürtel enger zu schnallen«, bestens verträgt.
Wenn man von einer Firma alles weglieβe, »was eine Firma unerträg-
lich macht, dann kann eine eigene Firma eine prima Sache sein.«[48]
Immer geht es darum, möglichst jede Form von Festanstellung zu
delegitimieren und die im Alternativmilieu noch vorhandene Kapi-
talismuskritik zu entschärfen.[49]

---

46   Friebe/ Lobo, Arbeit, S. 132

47   Friebe/Lobo, Arbeit, S. 91

48   Friebe/Lobo, Arbeit, S. 113

49   Während sich Horx in der österreichischen Tagespresse über den angeb-
      lich »dumpfen Antikapitalismus-Diskurs in Deutschland« beschwert, scheut
      Goehler nicht davor zurück, die einstmals in Ost und West als normal gel-
      tenden, sozialversicherungspflichtigen Regel-Arbeitsverhältnisse als unge-
      rechte Privilegien der Arbeitsplatzbesitzer gegenüber den Arbeitslosen zu
      denunzieren: »In Zeiten von Hartz IV, die immer mehr, immer qualifizier-
      teren Menschen Ein-Euro-Jobs zumuten«, falle »die Lebenslänglichkeit der
      öffentlich Bediensteten nicht nur in der Verwaltung, sondern auch im Wis-
      senschafts- und Kulturbetrieb besonders grell ins Auge.« (Verflüssigungen,
      S. 26) Goehlers Selbstauskunft, sie habe ein Buch gegen den neoliberalen
      Zeitgeist geschrieben, hat Ingo Arend im *Freitag* (09.06.2006) vehement
      widersprochen: Ihre große Vision einer Kulturgesellschaft schnurre »zu
      einer kulturell verbrämten Form von Privatisierung und Flexibilisierung
      zusammen.« Das von Goehler beschriebene Milieu bewegt sich schon jetzt
      auf einem materiellen Niveau, von dem man sich nur schwerlich wünschen
      könne, dass es verallgemeinert wird.

Leitbild Kreative Stadt

Eine Vorreiterrolle bei der Umsetzung der Kreativideologie in politische Handlungskonzepte haben in Deutschland die Hamburger Grünen übernommen. Sie kürten Richard Florida zum wichtigsten Stichwortgeber für den neoliberalen Umbau ihrer einstmals emanzipatorisch orientierten Multi-Kulti-Politik. Eine Projektgruppe der grünen Bürgerschaftsfraktion arbeitete den Begriff der »Kreativen Stadt« mit 11 Thesen zur alternativen Leitidee einer hanseatischen Wirtschaftsförderung aus. Kernelement ist die Veräußerung öffentlichen Eigentums. Um die menschlichen Talente der Stadt noch weiter fördern zu können, sollten die Ausbaukosten für den mittleren Freihafen nicht mehr aus Steuermitteln bzw. Krediten finanziert werden, sondern »durch Anteilsverkäufe der HHLA (Hamburger Hafen und Logistik AG). Hier betreibt die Stadt einen der großen Umschlagbetriebe im Hafen.«[50] Das von der grünen Bürgerschaftsfraktion vorgeschlagene »Leitbild Kreative Stadt« kreiste um die von Florida ausgegebene Losung der drei Ts: Technologie, Talente der Menschen und Toleranz gegenüber anderen Lebensformen.[51]

Für den angestrebten hanseatischen »Innovationsvorsprung im globalen Wettbewerb der Regionen« versuchten die grünen Parteistrategen die kreativen, weltoffenen und toleranten Affekte ihres angestammten Wählermilieus gegen die fremdenfeindlichen Ressentiments der Konservativen zu mobilisieren. Dabei pervertierten sie die an sich begrüßenswerte Akzeptanz gegenüber einer Vielfalt von sexuellen Orientierungen, die Toleranz gegenüber Fremden und die Solidarität mit Flüchtlingen jedoch zum ökonomischen Kalkül. Weil in der Hansestadt wesentlich weniger Menschen an Straßenumzügen des Christopher Street Day teilnähmen als beispielsweise in Berlin oder in Köln und die Stadt darüber hinaus über eine weniger gute schwul-lesbische Infrastruktur verfüge, verlöre Hamburg gera-

---

50 www.gal-fraktion.de/cms/default/dokbin/120/120230.11_thesen_zur_
     kreativen_stadt.pdf

51 www.hamburg-kreativestadt.de/leitbild.html

de in dieser für kreative Prozesse und wirtschaftlichen Erfolg unent-
behrlichen Bevölkerungsgruppe an Attraktivität. Was die Auslän-
der- und Flüchtlingspolitik betreffe, sei der Stadt nicht durch »eine
besonders eindrucksvolle Abschiebestatistik« gedient, »sondern
wenn es uns gelingt, interessante Menschen anzuziehen und sie bei
uns zu integrieren.« Bedauert wurde die Abschiebung afghanischer
Flüchtlinge vor allem deshalb, weil »es sich bei ihnen zumeist um
gut ausgebildete Menschen mit hoher Arbeitsmotivation handelt.«
Auch Bildung und Künste erschienen nicht mehr als unverzichtba-
rer Bereich menschlicher Weltaneignung, sondern wurden auf ihre
Funktion als ökonomische Standortfaktoren reduziert (vgl. *Freitag,*
09.02.2006).

Die Hamburger Grünen bewegten sich in die von Adrienne
Goehler vorgeschlagene Marschrichtung, als sie die Entfaltung der
Künste als Schlüssel für den wirtschaftlichen Erfolg großer Städte
ansahen. Das Zulassen und Fördern von Kreativität sei »ökonomisch
effizient«.[52] Die Schwerpunkte des GAL-Leitantrags für den Haushalt 2007/2008 lagen konsequenterweise bei der »Förderung von
Kreativwirtschaft, Wissenschaft und Kultur«. Die kreativen Potentia-
le der Hamburger Bürger sollten aktiviert und niemand von »dieser
Zukunft ausgeschlossen werden«.

Ernüchternde Bilanz

Hinter diesen schönen Worten verbirgt sich jedoch eine politische
Programmatik, der es gerade nicht um eine umfassende Förderung
und Bildung von Menschen aus allen Bevölkerungsschichten geht,
sondern um die Ausbildung jener gut informierten Ellenbogenmen-
talität, die für den Konkurrenzkampf im High-Tech-Kapitalismus
unabdingbar erscheint. Im Mittelpunkt der von der GAL geforderten Hochschulpolitik stand daher eine Eliteförderung, die, als sogenannte »Exzellenzinitiative in der Lehre« verbrämt, die weitere

---

52   Goehler, Verflüssigungen, S. 80

Demontage der Universitäten als Orte einer umfassenden Bildung betreibt.[53] Seine Behauptung, dass die Förderung der Kreativwirtschaft den Städten einen Reichtum brächte, der letztlich auch den abhängig Beschäftigten und sozial benachteiligten Schichten zugutekäme, hat Richard Florida Anfang 2013 aufgrund einer eigenen Untersuchung, die er in der Online-Ausgabe von *The Atlantic Cities* publizierte, mittlerweile korrigieren müssen. »Die Studie zeigt, dass überall dort, wo der Wohlstand zugenommen hat, allein die Hochqualifizierten und Kreativen von den steigenden Einkommen profitieren. Zwar haben sowohl die Arbeiter als auch die Beschäftigten in der Dienstleistungsbranche dank allgemein gestiegener Produktivität am Monatsende etwas mehr in der Tasche. Allerdings nur solange, wie die Auswirkungen des Kreativitätsschubs auf den Immobilienmarkt ausgeklammert bleiben. Weil jedoch gerade in den besonders attraktiven Städten und Regionen die Mieten schneller wachsen als die Löhne der unteren Einkommensgruppen, gehen die Geringverdiener letzten Endes als die eigentlichen Verlierer der neuen Prosperität aus dem Rennen. Denn die Kosten fürs Wohnen machen die Lohnzuwächse für die unteren Zwei Drittel der Einkommensskala weitgehend zunichte, während die Gehälter des oberen Drittels so stark wachsen, dass sie sich die hohen Mieten ohne spürbare Einbußen leisten können. (…) Ausgestattet mit Floridas Theoriepaket arbeiten Stadtpolitiker eher auf eine Verschärfung der sozialen und räumlichen Polarisierung hin. Denn gerade die kulturelle Aufwertung der Zentren, mit der die Städte um die Gunst der Kreativen buhlen, treibt die Mieten und Immobilienpreise steil in die Höhe. Von den neuen Annehmlichkeiten, die nicht selten mit enormen öffentlichen Mitteln gefördert werden, bleiben die Bezieher mittlerer und kleiner Einkommen deshalb immer häufiger ausgeschlossen, wie selbst Florida einräumen muss«, so der ernüchterte Berlin der *Berliner Zeitung* am 10. April 2013.

53　http://www.hamburg.gruene.de/cms/default/dok/119/119542.kreative_stadt_wie_fit_ist_hamburg.htm

Art goes Heiligendamm:
Staatstragende Befriedungskunst

Mit dem durch solche Fakten angekratzten Leitbild der Kreativen Stadt sind die Möglichkeiten, die Selbstorganisationspotenziale der Kreativen für die Absicherung neoliberaler Politiken einzuspannen, jedoch längst nicht ausgeschöpft. Wie umkämpft das Terrain der Kunst ist, zeigte sich schon im Frühsommer 2007. Die Augen der politisch interessierten Weltöffentlichkeit richteten sich damals auf das kleine deutsche Ostseebad Heiligendamm.[54] Während die Repräsentanten der führenden Industrienationen unter dem Schutz von 16.000 Polizisten, 1.100 Bundeswehrsoldaten samt Einsatz von Tornado-Kampfflugzeugen und eines zwölf Kilometer langen Zauns über die künftige Gestalt der Weltwirtschaft, Sicherheitsfragen und die Behandlung der globalen Klimaprobleme beratschlagten, demonstrierte ein bunt gemischtes internationales Aktionsbündnis von Kriegs- und Globalisierungskritikern gegen die auch militärische Durchsetzung weltweiter Ungleichheit und für eine gerechtere Weltwirtschaftsordnung. Zu den zahlreichen Aktionen, mit denen versucht wurde, die strukturschwache Ostseeregion politisch in Bewegung zu setzen, gehörten auch solche künstlerischer Natur. Im Projekt »Holy damn it. 50.000 Plakate gegen G 8« entstand beispielsweise eine beachtliche Reihe von Plakatkunstwerken, die europaweit in zahlreichen Kunsteinrichtungen auf die Anliegen der Globalisierungskritiker aufmerksam machen sollten.

Einen ganz anderen Charakter hatte die von Popsänger Herbert Grönemeyer angeführte Kampagne »Deine Stimme gegen Armut«. Hierbei ging es nicht um eine grundlegende, vielfältige und umfassende Kritik an der zunehmend militärisch ausgerichteten Politik der führenden Industrienationen oder gar um die Infragestellung des kapitalistischen Systems. Vielmehr sollte ein per Internetbrief verschickter Massenappell die deutsche Bundeskanzlerin Angela Merkel dazu bewegen,

---

54 Die Ausführungen zu »Art goes Heiligendamm« folgen weitgehend einem Artikel, den ich am 31. Mai 2007 in der Wochenzeitung (WOZ, Nr. 22/2007) publiziert habe.

sich besonders energisch für die Bekämpfung von Armut, Hunger und HIV/Aids einzusetzen. Auf diese Weise sollte das in der Bevölkerung vorhandene kritische Potenzial in ein vorgegebenes und in seinen politischen Folgen vorhersehbares Verhaltensmuster der Konsumentendemokratie umgelenkt werden. Der Mausklick sollte die engagierte Teilnahme am Protest ersetzen. Wären alle Kritiker der Globalisierung auf diese Weise verfahren, wäre das weiträumig um den Tagungsort herum verhängte Demonstrationsverbot gegenstandslos gewesen.

Ausdrücklich zur Eindämmung allzu überschwänglicher Protestenergien diente ein aufwendiges Projekt in der nahe gelegenen Ostseestadt Rostock, das den Namen »Art Goes Heiligendamm. Art Goes Public« trug. Die Idee stammte von Adrienne Goehler, die es sich nicht nehmen ließ, sich auch gleich selbst als Kuratorin des parallel zum Gipfelgeschehen veranstalteten Spektakels in Szene zu setzen. Rund fünfzig Aktionen zum Teil namhafter Repräsentanten der internationalen Gegenwartskunst bildeten eine Art ästhetische Pufferzone zwischen Regierungschefs und protestierendem Volk. Mit Theater, Musik, bildender Kunst, Vorträgen und Diskussionsveranstaltungen sollte der Bevölkerung die Angst vor den anreisenden »Politchaoten« genommen, der Dialog zwischen Protestbewegung, Anwohnerschaft, Kunst und Politik initiiert sowie die strukturschwache Region kulturell aufgewertet werden.[55]

Obwohl einige der präsentierten Kunstwerke und -aktionen für sich allein betrachtet ästhetische und kritische Potenziale geboten haben mögen, stellte das ambitionierte Projekt politisch die falschen Weichen. Adrienne Goehler erklärte im Vorfeld immer wieder, dass »Art Goes Heiligendamm« den Protest gegen den G8-Gipfel kanalisieren und mit einer Ästhetikoffensive deeskalieren wolle. »Die künst-

---

55 Die Veranstalter erklärten, dass auf diese Weise zumindest temporär eine weitere regionale Plattform für die Gegenwartskunst entstehen sollte: »›Art Goes Heiligendamm‹ will erfolgreiche Produktionen aus den Kunst- und Kulturmetropolen in die kulturell eher dünn besiedelte Region Mecklenburg-Vorpommerns bringen.« Zentraler Veranstaltungsort war das Konferenz- und Informationszentrum im Kurhaus Silver Pearl im Hafen der Ostseestadt Rostock.

lerischen Interventionen sollen den Zwischenraum öffnen für die Wahrnehmung zwischen Pro und Contra, Dafür und Dagegen.« Man wolle »ohne Parteilichkeit für die einen oder anderen« aus der dualen Logik von GipfelteilnehmerInnen und GipfelgegnerInnen ausbrechen. Geplant sei eine Alternative zum angeblich »sinnlosen Rütteln am Zaun«.

Damit reihte sich Goehler in jene Riege grüner Spitzenpolitiker ein, die die G8-Proteste damals einzudämmen und den Konflikt zu entschärfen suchte. Zuvor hatte die Grünen-Vorsitzende Claudia Roth auf einer Pressekonferenz die »pauschale Ablehnung des Militärischen« durch die Friedensbewegung als scheinbar naive Blickverengung kritisiert und damit eine Kriegspolitik bejaht, die sie durch ihre Unterstützung der Bundeswehreinsätze gegen Jugoslawien oder Afghanistan bereits selbst mitverantwortet hatte. Gefördert wurde Goehlers künstlerische Befriedungsinitiative unter anderem von der den Gipfel beherbergenden Landesregierung Mecklenburg-Vorpommern und den Grünen im Europaparlament.

Die im Zusammenhang mit »Art goes Heiligendamm« gefallenen Stichworte »Dialog«, »Kanalisierung des Protests« und »Befriedung« sind auch im nächsten Kapitel von zentraler Bedeutung, wenn es um die Rolle von Mediationsverfahren für die Entschärfung von Bürgerprotesten gegen Großbauprojekte geht. Dialog- und Mediationsverfahren sollen dabei helfen, das Vertrauen der Bürger in Verwaltung und Politik zu steigern. Im von der Administration gewünschten Idealfall wird aus einer Protesthaltung dann ein aktives Mittun der Bürger an Großbauprojekten und anderen Vorhaben. »Neben der Funktion, spezielle Projekte (z.B. Flughafenerweiterung) möglichst konfliktarm durchzusetzen, geht es auch immer um ›Akzeptanzmanagement‹ im Gesamtsystem. Mediationsverfahren sind in diesem Sinne Teil einer Befriedungsstrategie, die die Funktion hat, Konflikte zu entspannen und entstandene Risse im Funktionssystem des Staates zu kitten.«[56]

---

56   Wilk, Michael: Macht, Herrschaft, Emanzipation. Aspekte anarchistischer
      Staatskritik. Grafenau 1999, S. 118

5.
Dialog als Herrschaftsstrategie

Laut einer vom Energiekonzern RWE bei der Deekeling Arndt Advisors in Communications GmbH in Auftrag gegebenen und im Jahr 2012 veröffentlichten Studie sollte Bürgerbeteiligung künftig zum selbstverständlichen Bestandteil jeder Planung für ein Großbauprojekt werden. »Partizipationsmaßnahmen sind kein PR-Posten, sondern sie sind eine unverzichtbare Größe bei der Verwirklichung eines Großvorhabens.«[57] Praktizierte Partizipation vergrößere Handlungsspielräume und erhöhe die Chancen, für die Durchführung eines Bauprojekts den notwendigen Konsens in der Bevölkerung zu erlangen.

Anlass für die Studie waren Befürchtungen, der im Zuge der sogenannten Energiewende notwendige Ausbau der Stromnetze könnte einen erheblichen Widerstand in der Bevölkerung provozieren. »Um zügig mit dem Netzausbau voranzukommen, muss in der breiten Bevölkerung um Akzeptanz geworben werden.«[58] Neben einer verstärkten konsultativen Einbeziehung von Betroffenen wird vorgeschlagen, im Einzelfall höhere Investitionen in Kauf zu nehmen, Entschädigungszahlungen für Grundstückseigentümer zu leisten und die Betroffenen am wirtschaftlichen Gewinn zu beteiligen. Auf diese Weise verspreche Bürgerbeteiligung »ein zentraler Erfolgsparameter bei der Durchsetzung von Groß- und Infrastrukturprojekten zu sein.«

---

57   RWE Aktiengesellschaft: Akzeptanz für Großprojekte. Eine Standortbestimmung über Chancen und Grenzen der Bürgerbeteiligung in Deutschland. Essen 2012, S. 19

58   RWE Aktiengesellschaft, Akzeptanz, S. 35

Politische Mediation

Hatten Investoren und Eigentümer in früheren Jahren sehr schnell
nach der Polizei gerufen, um ihre Interessen gegen widerständige Bürger durchzusetzen, haben sie mittlerweile gelernt, die Protestbewegungen mit ihren eigenen Mitteln zu schlagen. Das trifft in besonderem
Maße auf Mediationsverfahren zu, die als gewaltfreie Möglichkeit der
Konfliktbewältigung seit den sechziger Jahren eine immer wichtigere
Rolle spielen, um aus heterogen zusammengesetzten Protestgruppen,
die sich keiner zentralen Leitung unterwerfen wollen, kollektiv agierende und durchsetzungsfähige Bündnisse zu machen.[59] »Man einigt
sich zunächst auf ein gemeinsames Selbstverständnis, das heißt ein gemeinsames Ziel. So lässt sich der Entscheidungsprozess als Mittel zur
Lösung gemeinsamer Probleme verstehen. Von dieser Warte aus betrachtet können selbst radikal unterschiedliche Perspektiven, die den
Prozess durchaus erschweren mögen, auch eine enorme Ressource
sein. Überlegen Sie mal, bei was für einem Team die Wahrscheinlichkeit einer kreativen Lösung für ein Problem größer ist: bei einer
Gruppe von Leuten mit einer jeweils unterschiedlichen Sicht der Dinge oder bei einer Gruppe von Leuten, die alle genau der gleichen Ansicht sind?«, fragt etwa der als Stichwortgeber der Occupy-Bewegung
bekannt gewordene Ethnologe David Graeber.[60] Mittlerweile haben
sich gut vernetzte Politikberater darauf spezialisiert, diese Verfahren
in eine Methodik systematischer Manipulation einzubauen. Aus basisdemokratischen Techniken zur Erlangung kollektiver Stärke wurden
auf diese Weise »Vermittlungsverfahren zur Lösung eines öffentlichen

---

59   Die alternative Protestkultur hat seit den sechziger Jahren auf der gan-
     zen Welt neue, gegen überkommene Hierarchien gerichtete Politikformen
     und -stile herausgebildet. »Ihre Stichworte sind: die Vielfalt zulassen, die
     Differenzen akzeptieren, gemeinsame Wege gehen, wo dies möglich ist«,
     heißt es diesbezüglich in dem Handbuch »Konsens« der Werkstatt für Ge-
     waltfreie Aktion Baden. Werkstatt für Gewaltfreie Aktion, Baden (Hg.):
     Konsens. Handbuch zur gewaltfreien Entscheidungsfindung. Karlsruhe
     2004

60   Graeber, David: Inside Occupy. Frankfurt a. M./New York 2012

Konflikts«[61], die herrschaftskonforme Methode der Politischen Mediation.

Während die Dialogorientierung der Mediation in der Binnenperspektive sozialer Bewegungen als besonders geeignet erscheinen kann, um das Auseinanderfallen fragiler Bündnisse zu verhindern, wird sie in aller Regel zum Bumerang, wenn sie das Verhältnis zu einem politischen Gegner bestimmen soll, der ohnehin über die größeren Durchsetzungschancen verfügt. Das Einlassen auf eine Politische Mediation ist für Protestbewegungen deshalb gefährlich. In den sozialen Bewegungen steckt die kritische Reflexion solcher manipulativer Einflussnahme noch in den Kinderschuhen. Eine der ersten Debatten darüber erfolgte 2012/13 im Zuge der Schlichtung zu »Stuttgart 21« in der libertären Zeitschrift *graswurzelrevolution*. Darin hält ein Aktivist namens Besalino fest: »Die Politische Mediation ist ein Konzept, welches das Verfahren und die Haltung der Mediation auf den politischen Bereich anzuwenden versucht. Das heißt, hier wird ein Konfliktverständnis auf politische Prozesse übertragen, das bei der Vermittlung von zwischenmenschlichen Konflikten angewendet wird. Diese Übertragung geht nicht; schon weil die Prämisse verkehrt ist, politische Auseinandersetzungen seien wie Konflikte zwischen Menschen oder Gruppen zu behandeln. Was für die Klärung eines zwischenmenschlichen Konfliktes wertvoll und heilsam ist, funktioniert nicht bei politischen Konflikten, denn die Rahmenbedingungen sind grundverschieden.«[62] Schließlich besteht ein politischer Konflikt im Wesentlichen nicht aus eskalierten Emotionen, sondern, so Besalino, »zuallererst aus Interessengegensätzen«. Was als herrschaftsfreies Verfahren daherkommt, »trägt dazu bei, die Herrschaft der Verhältnisse zu stabilisieren und den Instrumentenkasten manipulativer Techniken zu verfeinern.«[63]

---

61 Meister, Hans-Peter / Gohl, Christopher: Mediation und Dialog bei Großprojekten. Frankfurt a. M. 2012, S. 25 f.

62 Besalino: Trick 17 mit Selbstüberlistung. Warum die Beteiligung an der Schlichtung zu S21 ein Fehler war und wieso die Politische Mediation keine Alternative ist, in: graswurzelrevolution, Heft 373, November 2012, S. 10 f.

63 Besalino, Trick 17, S. 11

Ein neues Geschäftsmodell

Als führendes Unternehmen auf dem Gebiet von Mediationsverfahren versteht sich das Institut für Organisationskommunikation (IFOK GmbH). Das von dem promovierten Biologen, ehemaligen Leiter der Abteilung für politische Kommunikation der BASF AG und ehemaligen Pressesprecher im Bundesumweltministerium Hans-Peter Meister im Jahr 1995 gegründete Beratungsunternehmen hat sich auf die Öffentlichkeitsarbeit sowie die Planung und Umsetzung von Bürgerbeteiligungsverfahren spezialisiert. Mit etwa 100 Beschäftigten ist es heute nach eigenen Angaben in dieser Sparte der Marktführer.[64] Öffentlich in Erscheinung trat das Unternehmen bereits 1998, als die hessische Landesregierung ein Mediationsverfahren installierte, um für die geplante Erweiterung des Frankfurter Flughafens die nötige Akzeptanz in der Bevölkerung zu schaffen. Nachdem es seit den siebziger Jahren immer wieder zu gewaltsamen Auseinandersetzungen um die Startbahn-West gekommen war, setzte Ministerpräsident Hans Eichel (SPD) nun auf neue Formen der Bürgerbeteiligung. Nachdem die IFOK GmbH

---

64   Neben dem Mediationsverfahren zum Ausbau des Frankfurter Flughafens
      begleitete das Unternehmen seit den neunziger Jahren zahlreiche weitere
      Beteiligungsverfahren, darunter auch den Dialog zur »Stadtbahn Nord« in
      Mannheim, mit dem die Bürger an der Ausgestaltung der geplanten Stadt-
      bahn beteiligt wurden. Im Auftrag der belgischen König-Baudouin-Stiftung
      organisierte IFOK mit Mitteln der Robert Bosch Stiftung und der EU-Kom-
      mission in den Jahren 2007 und 2009 sogenannte Europäische Bürgerkon-
      ferenzen, in der 150 Bürgerinnen und Bürger zehn konkrete Handlungs-
      empfehlungen für die deutsche und europäische Politik formulieren durften.
      Parallel dazu bestand für eine breitere Öffentlichkeit die Möglichkeit, sich
      online über Dialog- und Beteiligungsformate an der Diskussion zu aktuellen
      Fragen der Europapolitik zu beteiligen. Die Spannweite des IFOK-Ange-
      bots reicht von einfachen Beratungstätigkeiten, Öffentlichkeitsarbeit bis hin
      zu den komplexen Aufgaben eines Think Tanks, der auch für die Planung
      und Durchführung von Projekten zuständig ist. Dabei arbeitet die IFOK
      GmbH mit einer Reihe von nationalen und internationalen Partnerunter-
      nehmen, Denkfabriken, Plattformen und Netzwerken zusammen. Darun-
      ter: Meister Consultants Group (MCG), DIALOGIK, European Dialogue
      Consortium, European Independent Consulting Group, Global Compact,
      Global Risk Network, Personal Innovation GmbH, Stein Consults.

schon im ersten Teil der Mediation das Coaching der drei Mediatoren
übernommen hatte, organisierte das Unternehmen beim anschließen-
den Regionalen Dialogforum Flughafen Frankfurt (2000–2008) als
Geschäftsstelle nicht nur die Prozesssteuerung des Verfahrens selbst,
sondern band durch vielfältige Aktivitäten wie Podiumsdiskussionen,
Newsletter, Rollenspiele in Schulen, Informationsstände, Internetfo-
ren sowie ein eigens dafür eingerichtetes Bürgerbüro die Bevölkerung
in die Mediation mit ein. In der letzten Phase des Verfahrens wirkte
IFOK dann als Interimsgeschäftsstelle für das Forum Flughafen und
Region (FFR).[65] Die im Dialogverfahren erreichte gemeinsame Fak-
tenklärung stellte die Entscheidungsgrundlage dar für das »Media-
tionspaket«, das die Zustimmung zu dem mit mehr als vier Milliarden
Euro Gesamtkosten bezifferten Flughafenausbau mit einem Nachtflugverbot und einem Anti-Lärm-Pakt verband.

Neben dem Hauptsitz in Bensheim bei Frankfurt a. M. unterhält
IFOK heute weitere Büros in Berlin, München, Düsseldorf, Brüssel
und Boston. Geschäftsgrundlage ist die Annahme, dass sich Infrastrukturprojekte heute nur noch auf der Basis breiter gesellschaftlicher
Akzeptanz in einem zeitlich und finanziell vertretbaren Rahmen umsetzen lassen. Denn wenn die Beteiligung der Öffentlichkeit zum büro-
kratischen Akt degradiert werde, so Meister im Gespräch mit dem On-
line-Magazin *PUBLICUS*, suche sich der bürgerliche Unmut andere
Wege: Bürgerinitiativen und Protest.[66] Das Hauptziel von politischen
Mediationsverfahren besteht nun darin, der Herausbildung einer nen-
nenswerten Gegenmacht von Projektkritikern durch die frühzeitige
Einbindung relevanter Teile der sogenannten Zivilgesellschaft zu begegnen. Mit Hilfe der Mediation soll sich der Streit vom politischen
Kern auf weniger brisante Sach- und Verfahrensfragen verlagern. »Es
ist eine spezielle Form der Bürgerbeteiligung, bei der Investoren, Anwohner und andere Beteiligte sich möglichst früh und außerhalb der
streng formalisierten behördlichen Planungsverfahren unter Leitung
eines Vermittlers zusammensetzen; bei der sie ihre Wünsche und

---

65   www.ifok.de/projekt/detail/im-dialog-mit-der-region/
66   www.publicus-boorberg.de

Bedenken auf den Tisch legen und gemeinsam nach einer Lösung suchen.« (*Der Spiegel,* 44/2010) Durch die gemeinsame Klärung der Fakten und die Konsultierung vom Bürgerwissen wird versucht, das gegenseitige Verständnis von Befürwortern und Gegnern geplanter Großprojekte zu befördern. Im Laufe des Prozesses entwickeln die Beteiligten ein Gefühl der Gemeinschaft. Auf diese Weise macht eine erfolgreiche Mediation »aus Gegnern Partner, und aus Konflikten macht sie Kooperationen.«[67] In anderen Worten: Die betroffenen Bürger sollen eingebunden und ihre Widerstandsenergie neutralisiert werden. Als gelungen erscheint den Auftraggebern und Betreibern ein Mediationsverfahren immer dann, wenn ein Projekt am Ende in der Bevölkerung Zustimmung oder zumindest eine breite Duldung erfährt und die Regierungspolitik an Vertrauenspunkten gewinnt. Besonders emsig an entsprechenden Konzepten gearbeitet hat der liberale Politikwissenschaftler, Mediator und IFOK-Mitarbeiter Christopher Gohl.[68]

Flughafenmediation als Theorielabor

Gohl knüpft dabei an Erfahrungen an, die er im Auftrag des Unternehmens als Projektleiter des Regionalen Dialogforums Flughafen Frankfurt gesammelt hat. Daraus entwickelte er eine Strategie der Konfliktbefriedung von oben. Durch die »Verzahnung von strategischer Steuerung und modernen Beteiligungsformen« will er ein Verhältnis von Bürgern und Politikern erreichen, »in dem die regierten Bürger mehr Verständnis für die Mühen der Regulierung entwickeln, aber

---

67   Meister/Gohl, Mediation, S. 12

68   Gohl hat Politikwissenschaften, Amerikanistik und Jüdische Studien an der Universität Tübingen, der Georgetown University und der Universität Potsdam studiert und 2010 zum Thema »Prozedurale Politik am Beispiel organisierter Dialoge« promoviert. Er ist Mitgründer des Forschungs- und Entwicklungsverbundes Procedere und nutzt die verschiedenen Plattformen der »Bürgergesellschaft«, um für seinen Politikansatz zu werben. Im Netzwerk Bürgerbeteiligung bezeichnet er »die (professionelle) Kompetenz, Menschen an der Politik beteiligen zu können« als »wichtigste Voraussetzung einer kollaborativen Demokratie«.

auch die Regierenden im Hinblick auf bessere Ergebnisse beraten.«[69] Gohl empfiehlt, die bereits bestehenden Formate in ein strategisches Gesamtkonzept einzubetten, um auf diese Weise die Legitimation und die Effizienz »demokratischer Führung und nachhaltiger Regierung« zu erhöhen. Den Rahmen dafür gibt das »Modell des organisierten Dialogs«, in dem für Interessengegensätze zwischen gesellschaftlichen Gruppen kein Platz mehr ist und Politik als »die Bearbeitung kollektiv verbindender Probleme«[70] konzipiert wird. Teilhabe der Bürger ist dabei kaum mehr als ein Mittel zum Zweck: Die politische Mediation erscheint als eine neue, ausgefeilte Spielart sozialtechnologischer Herrschaft. Sie fingiert die Selbstorganisation der aktivierten Bürger, die aber schon deshalb keine echte Selbstbestimmung ist, weil die Waffengleichheit der Kontrahenten schon in formaler Hinsicht nicht angestrebt wird. Denn egal was bei einer Mediation vereinbart wird: eine politisch bindende Entscheidung ist damit nicht verbunden. »Sie kann und sollte nach den Prinzipien der repräsentativen Demokratie nicht durch ein Mediationsverfahren gebunden werden.«[71] Hinzu kommt, dass das Modell des organisierten Dialogs die Tendenz befördert, für die Lösung von Konflikten über Klassengegensätze und -interessen hinwegzusehen. Die realen Machtverhältnisse werden verschleiert, wenn der Eindruck erweckt wird, dass Regierende und Regierte, Kapitaleigner und abhängig Beschäftigte im gleichen Boot säßen und im Grunde das gleiche Ziel verfolgten: sich im Sinne des Gemeinwohls zu einigen.

Gohl weiß um die ideologische Schieflage seines Konzepts, doch glaubt er entsprechende Fragen schon dadurch entkräften zu können, dass er sie selber stellt: »Ist es sozialtechnischer Zynismus, das Modell der reziproken, sachbezogenen und ergebnisoffenen Interaktion der Freien und Gleichen zu preisen – und diese dialogischen Verhaltnisse und ihre Subjekte dann zum Objekt der strategischen Kalkulation und operativen Intervention eines Verfahrensgestalters zu machen?

---

69   Gohl, Christopher: Organisierte Dialoge als Strategie. Gütersloh 2010, S. 14 f.

70   Gohl, Dialoge, S. 12, 17

71   Meister / Gohl, Mediation, S. 12.

Schlägt hier nicht das Erbe des militärischen Strategiebegriffs durch, der in der Interaktion auf die Überwindung des Gegners abstellte? Wird also nicht der sozialethisch aufgeladene Begriff des Dialogs instrumentalisiert, möglicherweise für schlechte Zwecke? Sind verständigungsorientierte Vorgehensweisen nicht besonders raffinierte Formen der Überredung?«[72] Da die inhaltliche Offenheit des Dialogs gewährleistet und die Teilnehmer vor Missbrauch und Manipulation durch den autoritativ privilegierten Verfahrensgestalter geschützt würden, meint Gohl diese Fragen mit einem klaren »Nein« beantworten zu können. Sein argumentativer Trick besteht darin, sich auf die Ebene des Verfahrens selbst zu beschränken und die Machtverhältnisse, in die sie eingebettet sind, aus der Betrachtung auszuschließen. Dabei ist eines doch klar: Selbst besonders faire Verfahrensregeln könnten nicht dafür sorgen, dass in organisierten Dialogen wirklich Gleiche aufeinandertreffen. Die Vertreter von Großunternehmen können im Regelfall deutlich mehr Geldmittel, juristische Expertise und Medienunterstützung mobilisieren als Bürgerinitiativen. Im Fall der Regierungen kommt noch das von der Polizei durchgesetzte staatliche Gewaltmonopol hinzu.

Mediationsunternehmen stützen ihre Dienstleistungsangebote auf die Annahme, dass sich Infrastrukturprojekte heute nur noch auf der Basis breiter gesellschaftlicher Akzeptanz in einem zeitlich und finanziell vertretbaren Rahmen umsetzen lassen. Ein erwünschter Nebeneffekt ist die Kostenersparnis für beteiligte Privatunternehmen und die öffentliche Hand, die durch die Verbesserungsvorschläge von Bürgerexperten erreicht werden kann. Organisierte Dialoge sollen zu einem so frühen Zeitpunkt eingerichtet werden, dass sich eine von unten organisierte Gegenmacht möglichst nicht herausbildet. »Wer die Bürger früh einbindet, bekommt später weniger Widerstand«, meinte der IFOK-Berater Maik Bohne[73] am 28. November 2011 in einem

---

72   Gohl, Dialoge, S. 123

73   Bei IFOK ist Bohne zuständig für Open Governance und Bürgerbeteiligung. Zuvor arbeitete er als Projektleiter bei der Initiative ProDialog sowie als wissenschaftlicher Mitarbeiter am Göttinger Lehrstuhl des Politikwissenschaftlers Peter Lösche. Das Projekt »Kollaborative Demokratie 21«

Gastbeitrag für das *Handelsblatt*. Der Politikwissenschaftler leitet im Rahmen der Stiftung Neue Verantwortung ein interdisziplinäres Forschungsprojekt, das den Titel »Kollaborative Demokratie 21« trägt.[74] Für den hessischen Ministerpräsident Volker Bouffier (CDU) ist das Mediationsverfahren beim Ausbau des Flughafens Frankfurt ein gelungenes Beispiel dafür, »wie ich mir den Austausch von Argumenten in einer Zivilgesellschaft wünsche – abseits von Gewalt von der einen oder anderen Seite in einem hoch emotionalisierten Polizeieinsatz«, sagte er in einem Gespräch mit der *FAZ* (14.10.2010).

---

will Stärken und Schwächen bestehender Ansätze der Bürgerpartizipation untersuchen und daraus unter den Gesichtspunkten Legitimität, Effizienz und Umsetzung ganz konkrete Handlungsempfehlungen für Gesetzgeber, Lokalpolitik, Unternehmer und die sogenannte Zivilgesellschaft entwickeln, wie Entscheidungs- und Einbindungsprozesse in der Praxis gestaltet werden können. Als »Associate« wird der bereits erwähnte Mediationsexperte Christopher Gohl aufgeführt, der auch als Senior Berater des Kompetenzzentrums Beteiligung der IFOK GmbH wirkte. Als sogenannte Fellows des Projekts sind aufgeführt: Anna Wohlfarth (Projektmanagerin im Projekt BürgerForum in der Bertelsmann Stiftung), Maximilian Stern (Geschäftsführer beim Schweizer Think-Tank foraus – Forum Aussenpolitik), Benjamin Simonic (LANXESS AG), Christina Rucker (Zebralog), Anika Heiny (Marketing Manager bei der Bayer Technology Services GmbH), Christoph Egle (»Innovationsdialog«), Inga Beinke (Politikwissenschaftlerin an der Fern-Universität in Hagen). Dem Projektbeirat gehören neben dem Politikwissenschaftler Karl-Rudolf Korte und Regine Günther vom WWF Deutschland auch der Leiter des Vorstandsstabs der Bayer AG, Jörg Krell, der Landesvorsitzende der baden-württembergischen CDU, Thomas Strobl, sowie der Geschäftsführende Gesellschafter der IFOK GmbH, Jochen Tscheulin, an.

74   Mitunter wird auch im deutschsprachigen Raum der Begriff »Collaborative Democracy« verwendet. Die Verantwortlichen des von der Universität Hamburg getragenen Projektes citizensourcing.de erklären: »Unter Demokratie 2.0 (Collaborative Democracy) werden neue Wege der Teilhabe und der Gestaltung des politischen Prozesses insbesondere zur Verbesserung der Entscheidungsqualität und zur Erhöhung von Vertrauen in öffentliche Institutionen verstanden.« (www.citizensourcing.de/collaborative-democracy.html). »Collaborative« bedeutet im Englischen so viel wie »gemeinschaftlich« oder »behilflich« (collaboration = Zusammenarbeit). Unfreundlich wäre die Unterstellung, die Verwendung von »kollaborativ« würde sich in diesem Zusammenhang an die Bedeutung von »Kollaboration« im Sinne von »Zusammenarbeit mit dem Feind« anlehnen.

Widerstand statt Befriedung: An Großflughäfen kumulieren gesellschaftliche Konfliktlinien

Nun stellt sich die Frage, was sich der scheinpartizipatorischen Vereinnahmung der »Zivilgesellschaft« durch die »kollaborativen« Netzwerker überhaupt entgegensetzen lässt. Zumindest Anhaltspunkte dafür lassen sich aus dem weiteren Verlauf der Auseinandersetzung um die Landebahnerweiterung am Frankfurter Flughafen gewinnen. Dort wurde die durch das Mediationsverfahren erreichte Kompromissvereinbarung von Hans Eichels (SPD) Nachfolger im Ministerpräsidentenamt, Roland Koch (CDU), schließlich gebrochen, als die Regierung des letzteren kurz vor Baubeginn noch eben 17 zusätzliche Nachtflüge beschloss. Zuvor war ein Nachtflugverbot von 23.00 Uhr bis 5.00 Uhr vereinbart worden. Die regionalen Proteste gegen den Fluglärm lebten wieder auf und erreichten 2011 und in der ersten Hälfte von 2012 eine bis dahin nicht erreichte Dimension.

Dass das Mediationsverfahren in diesem Fall nur für kurze Zeit in der Lage war, den erwünschten Befriedungszweck zu erfüllen, hatte, neben dem offensichtlichen Wortbruch der Politik, vor allem damit zu tun, dass sich die Bürgerinitiativen von Anfang an nicht in das Verfahren hatten einbinden lassen und auf diese Weise einer Schwächung ihrer unabhängigen Organisationsmacht effektiv vorbeugten. Viele Aktive waren bereits zu Zeiten der Auseinandersetzung um die Startbahn-West dabei und hatten über Jahrzehnte Erfahrungen gesammelt in der Auseinandersetzung mit der Landesregierung. Tradiertes Widerstandswissen und die Beibehaltung von autonomen Gegenmachtstrukturen durch das Bündnis der Bürgerinitiativen sind wohl die Hauptfaktoren dafür, dass der Widerstand gegen den Fluglärm am Frankfurter Flughafen trotz aufwändigem Mediationsverfahren bislang ungebrochen ist. Der Arzt und Umweltaktivist Michael Wilk (geb. 1956) berichtet über Kampferfahrungen, die er seit den späten 1970er Jahren in der Anti-Atomkraft-Bewegung und im Bündnis der Bürgerinitiativen gegen den Flughafenausbau in Frankfurt gesammelt hat. Anlass für das Gespräch, das ich im Frühjahr 2012 für das Nachrichtenportal *Hintergrund.de* mit ihm führte, waren die zu diesem Zeitpunkt wieder aufflammenden Proteste gegen den Flughafenlärm in der Region um Frankfurt am Main.[75]

Ein Gespräch mit dem Umweltaktivisten Michael Wilk

Am Frankfurter Flughafen demonstrieren jeden Montag viele Menschen gegen den Fluglärm. Worum geht es genau bei der aktuellen Auseinandersetzung?

Michael Wilk: Was den Frachtverkehr angeht, haben wir den größten Flughafen Europas. Auch was die Passagierzahlen anbelangt, bewegt er sich im Spitzenfeld und konkurriert zum Beispiel mit London Heathrow. Der Flughafen befindet sich in einem Ballungsraum, in dem Millionen von Menschen leben. Durch seinen wirtschaftlichen Erfolg beflügelt, wird er in Etappen immer wieder vergrößert. Das betrifft Ausbaumaßnahmen im Innern, aber er frisst sich auch immer weiter in die Umgebung hinein. Berühmt geworden ist die Startbahn-West, die seit Ende der siebziger Jahre im Südwesten des Flughafens entstand. Der letzte Akt dieses dynamischen Prozesses, der seit Jahrzehnten anhält, war der Bau einer Nord-Landebahn, die im Nordwesten in einen Bannwald reingehauen wurde. Diese Auseinandersetzung bestimmt im Rhein-Main-Gebiet immer noch das Zeitgeschehen. Mit der Inbetriebnahme der neuen Landebahn dringt die sinnliche Erfahrung der Flughafen-Erweiterung nun in sehr viele Behausungen – und zwar in Form von Lärm. Während in der Auseinandersetzung um die Startbahn-West die Zerstörung des Waldes als Naherholungsgebiet mobilisierend wirkte, ist es heute der durch die Wände und Fenster und in die Vorgärten dringende Fluglärm, der geradezu bestialische Ausmaße annimmt.

Können Sie erklären, wie heute die Fronten in Frankfurt verlaufen?

Michael Wilk: Volker Bouffier hat Roland Koch als CDU-Ministerpräsident in Hessen abgelöst. Der wiederum ist als gut verdienender

---

75 Auch als Buchautor hat Wilk den befriedenden Charakter von Mediationsverfahren am Frankfurter Beispiel schon früh analysiert. Vgl. Wilk, Macht, a. a. O. und als Herausgeber (mit Rolf Engelke und Thomas Klein): Soziale Bewegungen im globalisierten Kapitalismus. Bedingungen für emanzipative Politik zwischen Konfrontation und Anpassung. Frankfurt 2005.

Vorstandsvorsitzender zum Baukonzern Bilfinger-Berger gegangen, der wesentlich am Bau der Nordbahn beteiligt war. Zur gleichen Zeit hat ein gutbürgerliches, zum Teil erzkonservatives Klientel, was zur Stammwählerschaft der CDU gehört, aufgrund des Fluglärms eine distanzierte und sehr kritische Haltung gegenüber dem Großprojekt Flughafen eingenommen. Wir haben also eine Bruchlinie in der Gesellschaft, entlang derer klar zu erkennen ist, dass es auf der einen Seite darum geht, ein Großunternehmen weiter zu hypen, und auf der anderen Seite stehen schlicht und einfach die Gesundheitsinteressen einer ganzen Region, was durch wissenschaftliche Studien unterfüttert wird, die in den nächsten Jahren Behandlungskosten von mehreren Hundert Millionen Euro für Schlaganfälle und ähnliches veranschlagen. Im Grunde gibt es nun Leute aus unterschiedlichen gesellschaftlichen Schichten, die sagen: »Es kann nicht sein, dass ich nicht mehr bei offenem Fenster schlafen kann und der Kaffee in der Tasse zittert, wenn ich im Garten sitze.« Die Nachtflüge, um die vor Gericht verhandelt wird, sind dabei nur ein Teilaspekt. Sie sind aber auch deswegen wichtig, weil das Mediationsverfahren am Ende vorsah, sie als Trostpflaster für die Region auszusparen. Es wurde ein Nachtflugverbot von 23.00 Uhr bis 5.00 Uhr vereinbart. Die Bürgerinitiativen haben immer ein Nachtflugverbot von 22.00 Uhr bis 6.00 Uhr gefordert. Aber selbst das »kastrierte« Nachtflugverbot wurde von der Landesregierung bei der Genehmigung gekippt, was weiteren Unmut ausgelöst hat.

Von der Regierung wird immer gerne das Arbeitsplatzargument ins Spiel gebracht, wenn es darum geht, den weiteren Ausbau des Flughafens zu begründen. Michael Wilk: Das ist richtig. Der Verweis auf die Arbeitsplätze dient als Brechstangenargument, mit dem Großprojekte in der Bundesrepublik immer gerne durchgehebelt werden. Unbeliebte Vorhaben werden mit dem Argument der sozialen Absicherung, der Schaffung von Arbeitsplätzen schmackhaft gemacht. Das nimmt zum Teil bizarre Züge an. Vom Flughafen, als sogenanntem Motor des Rhein-Main-Gebiets, hieß es zunächst, es würden bis zu 100.000 neue Arbeitsplätze von ihm ausgehen. Dann wurde die Zahl relativiert. Heute ist

nur noch von einigen Tausend die Rede, die mit dem Bau der Landebahn entstanden seien. Aber selbst diese Zahl muss hinterfragt und
weiter relativiert werden. Wir wissen zum Beispiel, dass sich viele
Unternehmen aus der Umgebung aus logistischen Gründen näher
am Flughafen angesiedelt haben, wodurch Arbeitsplätze woanders
wegfallen. Richtig ist, dass der Flughafen mit rund 70.000 Arbeitsplätzen der größte Arbeitgeber in der Region ist. Auf der anderen Seite
haben die ökonomischen Verwerfungen in den letzten Jahrzehnten,
die etwas zu tun haben mit »just in time«, verschmälerter Produktion
und der Abschaffung von Lagerhaltung, dafür gesorgt, dass in anderen Bereichen Tausende von Arbeitsplätzen weggefallen sind. Die
Verschlankung der Produktion, das Outsourcing und der Einsatz von
Billigarbeitskräften haben auch mit der Funktion des Flughafens als
Verzahnungs- und Transportelement zu tun. Der Flughafen macht Ra-
tionalisierungsmaßnahmen in anderen Arbeitsbereichen erst möglich
und trägt damit auch zur Vernichtung von Arbeitsplätzen bei. Hinzu
kommt, dass die Prosperität am Flughafen auf keinen Fall als Gegen-
argument gegen die Gesundheitsschädigung verwendet werden kann.
Wo kämen wir denn hin, wenn wir die Arbeitsplätze aufrechneten
gegen die zunehmende gesundheitliche Verschlechterung innerhalb
der betroffenen Bevölkerung.

*Sie waren schon am Widerstand gegen die Startbahn-West beteiligt. Wie ist es
damals dazu gekommen?*
Michael Wilk: Ich komme aus der Anti-AKW-Bewegung und wurde schon Anfang der siebziger Jahre durch soziale Aktivitäten politi-
siert. 1976 haben wir in Wiesbaden den Arbeitskreis Umwelt gegründet und 1979 waren wir zum ersten Mal auf einer Demonstration in
Mörfelden-Walldorf. Wir haben dort zu unserer Verblüffung festge-
stellt, dass in unserer Nachbarschaft eine soziale Bewegung entsteht,
die, was ihre Kritik an Großprojekten betrifft, ein enormes Potenzial
hat. Daraus ging die sogenannte Startbahn-West-Bewegung hervor,
die Anfang der achtziger Jahre ihren Höhepunkt mit der Räumung
des Hüttendorfs und den darauf folgenden militanten Auseinandersetzungen hatte.

Die damalige SPD-Regierung hat im Anschluss an diese Auseinandersetzun-
gen überlegt, wie Großprojekte künftig mit weniger Gewalteinsatz durchgesetzt
werden können. Das erinnert an das, was wir in den vergangenen Jahren in
der Auseinandersetzung um Stuttgart 21 erlebt haben.

Michael Wilk: Zunächst muss man sagen, dass die Auseinandersetzungen in Stuttgart fast harmlos erscheinen, wenn man sie mit dem Kampf
um die Startbahn-West vergleicht. Wir hatten damals sich über Jahre
hinziehende, am Ende fast ritualisierte Auseinandersetzungen zwischen
Demonstranten aus allen Bevölkerungsschichten und der Polizei. Damals war die Rede von der Koalition aus Lang- und Grauhaarigen, die
dem Innenministerium Schwierigkeiten machte, weil sie sich nicht so
leicht als Lederjacken tragende Radikalinskis ausgrenzen ließen. Jeden
Sonntag gab es Tränengasschlachten und die Wunden, die damals Groß-
demonstrationen hinterließen, hatten eine andere Dimension als die in
Stuttgart. Es gab mehrere Tote im Umfeld der Startbahn-West-Ausein-
andersetzungen im Rhein-Main-Gebiet. 1985 starb der Demonstrant
Günter Sare während einer Anti-NPD-Demonstration. Er wurde von
einem Wasserwerfer überfahren. Dieser Vorfall trug nicht gerade zur
Befriedung der Protestszene bei. Eine grauenhafte Eskalation stellten
1987 dann die – nicht in Tötungsabsicht – abgegebenen Schüsse eines
Einzeltäters dar. Zwei Polizisten starben während einer Demonstration,
die an die Räumung des Hüttendorfs im Jahr 1981 erinnern sollte. Es
waren keine gezielten Schüsse. Der Mann wurde wegen Totschlags ver-
urteilt. Aber das kann keine Entschuldigung sein. Diese grauenhafte
und sinnlose Aktion wurde natürlich staatlicherseits dazu genutzt, den
militanten Widerstand, ja die gesamte Bewegung zu kriminalisieren
und zu zerschlagen. Auseinandersetzungen dieser Art fürchtet ein Flughafenbetreiber natürlich genauso wie die umsetzende Politik.

Später hat die von der SPD geführte Regierung ein Mediationsverfahren in die
Wege geleitet, um etwaige Konflikte von vorne herein zu befrieden. Wie ist es
dazu gekommen?

Michael Wilk: Nach Eröffnung der Startbahn-West im Jahr 1984 wurde
viele Jahre lang gezögert, über die Grenzen des Flughafens hinaus weiter zu expandieren. Ende 1997 aber hat Jürgen Weber, der damalige

Chef der Lufthansa, den Bedarf einer neuen Landebahn angekündigt. Das hat die Diskussion wieder neu eröffnet. Parallel dazu wurden noch unter der SPD-Grünen-Regierung Pläne ins Spiel gebracht, das Verfahren mit einem sogenannten Dialogforum zu begleiten. Dadurch sollte die Konfliktsituation von Anfang an entschärft werden. Das ist die Aufgabe von Mediationsverfahren, die aus dem angloamerikanischen Raum kommen. Es wird versucht, die Ebene der Auseinandersetzung durch eine sozialhygienische Maßnahme zu verschieben: von der Straße zum Verhandlungstisch. Es gibt Firmen und Berufszweige, die sich darauf spezialisiert haben, vor allem Psychologen und Sozialwissenschaftler. Das Bündnis der Bürgerinitiativen ist damit richtig umgegangen: Es hat die Teilnahme an dem Mediationsverfahren verweigert.

Ich kann mir vorstellen, dass das damals in den Bürgerinitiativen kontrovers diskutiert wurde.
Michael Wilk: Das ist durchaus richtig. In der sich wieder neu bildenden Bürgerinitiativen-Bewegung waren noch viele Leute dabei, die an der Auseinandersetzung um die Startbahn-West beteiligt waren und analytisch-strategische Fähigkeiten entwickelt hatten. Mit diesem analytischen Blick wurde die befriedende Absicht von Mediationsverfahren erkannt und es gab tatsächlich eine Mehrheitsentscheidung nicht daran teilzunehmen. Nur ein, zwei von etwa 60 Bürgerinitiativen haben phasenweise teilgenommen. Ansonsten waren Kommunen dabei und der eine oder andere Umweltverband, Flughafenbetreiber, Fluggesellschaften, die Flugsicherung. Die überwiegende Mehrheit der Bürgerinitiativen, also der Kern derjenigen, die man integrieren wollte, haben sich dagegen verweigert. Der Prozess war kompliziert, aber doch nicht so kompliziert, dass er zu einer Spaltung der Bewegung geführt hätte.

Man kann den Vorgang also als Beispiel dafür nehmen, dass politische Aufklärung über soziale Befriedungstechniken durchschlagenden Erfolg haben kann.
Michael Wilk: Definitiv hat in diesem Fall eine solide Auseinandersetzung dazu geführt, dass Leute, die der Mediation anfangs durchaus wohlwollend gegenüberstanden, den Braten gerochen haben und auf Distanz gegangen sind. Ich würde auch nicht sagen, dass ein Dialog-

verfahren prinzipiell eine abzulehnende Angelegenheit ist. Das, was bei der Landebahn gemacht wurde, weicht in wichtigen Punkten aber schon vom angloamerikanischen Modell ab. Dort ist eine »Win-win-Situation« vorgesehen. Beide Seiten sollen einen Vorteil erlangen können. Dafür muss aber erst einmal eine »Gleichheit der Waffen« zwischen den verschiedenen Beteiligten hergestellt worden sein. Das war in Frankfurt im Fall der Landebahn Nord nicht gewährleistet. Die Landesregierung hat von vorneherein gesagt, dass sie sich nicht an das Ergebnis der Mediation gebunden fühlt. Ich würde aber nicht ausschließen, dass ein Mediationsverfahren auf kommunaler Ebene in bestimmten Fällen nicht auch Sinn machen kann, wenn es fair verläuft, transparent ist und die Leute tatsächlich ein Veto-Recht haben.

Das heißt, es müsste tatsächlich eine Entscheidungsmacht der Betroffenen damit verbunden sein und dürfte nicht bloß den Charakter einer komplizierteren Form der Anhörung haben.
Michael Wilk: Exakt. Wenn es tatsächlich einen basisdemokratischen, plebiszitären Charakter hat, kann man über so etwas diskutieren. Das sage ich jetzt ganz vorsichtig, denn man darf dabei natürlich nicht die gesellschaftlichen Rahmenbedingungen vergessen – in unserer kapitalistischen Sphäre mit dem Impetus des Höher, Schneller, Weiter. Das Mediationsverfahren zum Frankfurter Flughafen war aber ganz eindeutig als Befriedungsstrategie zu erkennen.

Sie waren vor Kurzem in Stuttgart, um dort mit den Gegnern des Bahnprojekts Stuttgart 21 zu diskutieren. Sehen Sie Parallelen zwischen dem, was am Frankfurter Flughafen passiert und dem Widerstand in Stuttgart?
Michael Wilk: Ich habe den Stuttgartern gleich zu Anfang der tollen Veranstaltung dort gesagt: »Ich hätte das gerne schon zwei Jahre früher gemacht« – zu einem Zeitpunkt als Heiner Geißler noch nicht als Konfliktvermittler angereist war und die Verzahnung mit der Politik der Grünen noch nicht so weit fortgeschritten war. Stuttgart 21 als soziale Bewegung richtete sich nicht nur gegen den Abriss des Bahnhofs, sondern hinterfragte die Gesichtspunkte, unter denen eine Metropole umgestaltet werden soll. Was bedeutet die Umgestaltung sozial? Wie ver-

ändert sie den Charakter einer Stadt und der sie umgebenden Region? Das sind Fragen, die für den Widerstand sowohl in Stuttgart als auch in Frankfurt wichtig waren. Das Befriedungsverfahren der Mediation und die gruselige Rolle von politischen Parteien, die den Protest an »politische Realitäten« zu adaptieren versuchen und dadurch der sozialen Bewegung den Todesstoß versetzen, sind weitere Parallelen. Die Auseinandersetzung mit dem Mediationsverfahren und der Rolle der Grünen hätte in Stuttgart viel früher stattfinden müssen.

Wie würden Sie die Rolle der Grünen denn beschreiben?
Michael Wilk: Von Seiten der Grünen erfolgte eine Übernahme bestimmter Strukturen der Stuttgart-21-Bewegung, was ein sanftes Übergleiten in politisch etablierte Machtstrukturen ermöglichte. Die Akzeptanz einer Mehrheitsentscheidung auf Landesebene hat damit zu tun. Ich würde schon in Frage stellen, dass die Bevölkerung eines ganzen Landes statt der direkt Betroffenen über Teilprojekte entscheiden sollte. Ich möchte auch nicht, dass ganz Hessen über den Fluglärm im Rhein-Main-Gebiet entscheidet. Da müsste gefragt werden, ob es nicht auch andere Formen von Basisdemokratie, von plebiszitären Interventionsmöglichkeiten gibt als solche, die von dem Machtstreben diverser Parteien geprägt werden.

Ich verstehe Sie jetzt so: Wenn führende Grünenpolitiker Interviews geben, in denen sie entsprechende Weichen stellen, wird die weitere Diskussion fast nur noch innerhalb dieser Koordinaten geführt.
Michael Wilk: Exakt. Dadurch werden von vornherein Rahmenbedingungen realisiert, die das Denken von Alternativen jenseits dieser Grenzen bei vielen Menschen erschwert. Mit der politischen Etablierung setzt auch die Schere im Kopf ein.

Flughäfen sind Orte, an denen sich gesellschaftliche Konfliktlinien verdichten. Sie sind Umschlagplätze von Waren, Austragungsort von Arbeitskämpfen, von Protesten gegen Fluglärm und Umweltzerstörung und wichtige Elemente auch der militärischen Infrastruktur. Deshalb stellt sich die Frage, ob es nicht möglich ist, die dort stattfindenden Kämpfe auch zu bündeln?

Michael Wilk: Das ist eine wunderbare Idee. Wir haben damals bei
der Startbahn-West jahrelang mit dem Problem der militärischen Nutzung zu kämpfen gehabt. Es gab damals die US-Airbase, die vor ein
paar Jahren gegen Zahlung von viel Geld nach Spangdahlem und
Ramstein ausgelagert wurde. So wird derzeit am Frankfurter Flughafen kein militärische Flugverkehr abgewickelt, was nach dem Trup-
penstatut im Konfliktfall aber jederzeit wieder möglich wäre. Wir haben in der Nähe den kleinen Flughafen Wiesbaden-Erbenheim, der
von den US-Truppen genutzt wird. Das European Headquarter wird
von Heidelberg nach Wiesbaden verlegt. Wir haben in der Region
also immer noch eine militärische Verzahnung und eine ökologische
Belastung durch den militärischen Flugverkehr. Nun zu deiner Frage:
Die Kumulation von sozialen, ökologischen und politischen Konflikten am Flughafen ist wirklich gegeben. Dazu gehört auch die Abschiebung von Tausenden von Flüchtlingen jedes Jahr. Der Protest dagegen
wird zum Beispiel von unserer Bürgerinitiative Arbeitskreis Umwelt
Wiesbaden unterstützt. Am 30. März 2012 wurde an fünf Flughäfen
zeitgleich gegen die Abschiebungen demonstriert. Zum Teil gibt es
also schon eine Verzahnung des Widerstands. Allerdings tun sich die
Bürgerinitiativen in ihrer Gesamtheit im Moment noch ein bisschen
schwer. Denn viele eher konservativ eingestellte Leute kommen zunächst ausschließlich wegen der Lärmbelästigung. Die Kumulation
der Konfliktlinien ist aber deutlich. In Frankfurt haben wir durch den
Betreiber Fraport und die Hauptfirma Lufthansa ein enormes Outsourcing, Billiglohnstrukturen und mieseste Ausbeutungsbedingun-
gen. Der Krankenstand ist doppelt so hoch wie im Bereich von Banken und Versicherungen. Also springen einem sozial-ökonomische
Verwerfungen ebenfalls ins Auge.

Gibt es von Seiten der Bürgerinitiativen Kontakte zu den Gewerkschaften?
Michael Wilk: Das ist sehr schwierig. Die Gewerkschaften am Flug-
hafen selbst sind vor allem über die Betriebsratsstruktur schon weit-
gehend eingebunden in den Apparat des Betreibers. Es gibt aber
Einzelkontakte und Kontakte zu Gewerkschaften, die nicht direkt am
Flughafen sind. Wir haben bei unseren Veranstaltungen regelmäßig

auch Leute, die aus dem Gewerkschaftsbereich kommen. Zurzeit wird auch versucht, Kontakte zu den kleinen Gewerkschaften zu knüpfen, die Teilbereichsinteressen von Belegschaftssegmenten vertreten. Es kommt vor, dass man sich gegenseitig informiert und befruchtet. Als die Vorfeldlotsen gestreikt haben, mussten Teile der innereuropäischen und innerdeutschen Flüge gestrichen werden, weil sie nicht mehr abgewickelt werden konnten. Das ging relativ problemlos. In diesem Zusammenhang sagte der Vertreter der streikenden Gewerkschaft, es wäre ja interessant, dass die Flüge problemlos auf die Bahn verlagert werden könnten. Das ist natürlich Futter für unsere Argumentation. Wir sagen ja, dass man kurze und mittlere Strecken durchaus mit der Bahn fahren kann, ohne den ökologisch vernichtenden Flugverkehr nutzen zu müssen.

Wie sieht es mit der Zusammenarbeit zwischen den Flughafen-Bewegungen in verschiedenen Städten aus?
Michael Wilk: Das ist ein recht junges Phänomen, ein noch zartes Pflänzlein, das aber Erfolg versprechend ist. Es ist eine Vernetzung entstanden, die am 24. März 2012 zu einer ersten koordinierten Aktion an verschiedenen Großflughäfen führte, die auf das Problem des Fluglärms in einem größeren Rahmen hinwies. Der Stand der verschiedenen Initiativen ist je nach Ort noch sehr unterschiedlich. Immerhin ist erfreulich, dass der Fluglärm nicht mehr nur als ein lokales Phänomen gesehen wird. Man erkennt, dass die Betroffenheit vor Ort jeweils sehr ähnlich ist, und lässt sich nicht mehr so leicht gegeneinander ausspielen.

6.
Bürgerbeteiligung und die Modernisierung neoliberaler Politik

Politikern aus den Unionsparteien und der SPD, allen voran Stuttgart-21-Schlichter Heiner Geißler, aber auch aus der FDP und von den Grünen, gelten Beteiligungs- und Mediationsverfahren als besonders effektive Mittel, um den Widerstand gegen umstrittene Großprojekte zu befrieden sowie die Planungs- und Baukosten durch die Aktivierung der Bürgerexpertise zu senken. »Bei den Planungen um den Ausbau des Frankfurter Flughafens ist es durch eine geschickte Mediation weit über das gesetzlich Vorgeschriebene hinaus gelungen, den Konflikt in der Region zu entschärfen«, sagte beispielsweise Bundeskanzlerin Angela Merkel.[76] Der liberale Publizist Christoph Giesa betrachtet die Erweiterung direktdemokratischer Möglichkeiten daher als Chance, den Protest zu kanalisieren, zu organisieren und konstruktiv zu gestalten[77] und die Politik auf diese Weise »wieder handlungsfähig zu machen.«[78] Denn: »Je früher man miteinander spricht, desto größer ist die Chance auf eine Einigung, da weniger Porzellan im Voraus zerschlagen wurde.«[79] Er ist überzeugt, dass auf diese Weise auch auf der Bundesebene der Weg »zu einer noch besseren Regierungsführung«[80]

---

76 Zitiert nach: Meister/Gohl, Mediation, S. 19
77 Giesa, Christoph: Bürger, Macht, Politik. Frankfurt/New York 2011, S. 17
78 Giesa, Bürger, S. 58
79 Giesa, Bürger, S. 123
80 Giesa, Bürger, S. 111

geebnet und die Demokratie »für die Stürme der Zukunft«[81] wetterfest gemacht werden könne.

Die zunehmend positive Bewertung der Bürgerbeteiligung ist vor allem im Unionslager ein weitgehend neues Phänomen. Insbesondere im konservativen Spektrum der Unionsparteien dominierte lange Zeit ein Politikverständnis, das Demokratie vor allem als eine Form der Legitimation von staatlicher Herrschaft begriff und die Forderung nach mehr Partizipation als Sache des politischen Gegners verstand. In dieser Sichtweise sind es durch Wahlen legitimierte Angehörige der Eliten, denen die Aufgabe zufällt, die für die Verwertungsinteressen verschiedener Kapitalfraktionen als notwendig erachteten Entscheidungen zu fällen, sie breiten Schichten der Bevölkerung als dem Allgemeinwohl zuträglich zu vermitteln, sie notfalls aber auch gegen den Willen von Mehrheiten oder den Widerstand von engagierten Minderheiten durchzusetzen. Dieses Modell geht von einem weitgehend unaufgeklärten oder zumindest passiven Bürger aus, der in der überwiegenden Mehrheit dazu bereit ist, die von anderen gefällten Entscheidungen über sich ergehen zu lassen. In Zeiten zunehmender Parteienverdrossenheit, abnehmenden Vertrauens in die herkömmlichen Formen politischer Repräsentation und angesichts von Bürgerprotesten, deren Aktivisten sich mittlerweile auch aus der von den Unionsparteien als Wählerreservoir beanspruchten »Mitte« der Gesellschaft rekrutieren, erscheinen neue Beteiligungsformen nun vermehrt auch gestandenen Konservativen als geeignetes Mittel »guten Regierens«.

Kommunikation als Akzeptanzmanagement

Konservative und liberale Vorschläge zur Institutionalisierung von mehr Bürgerbeteiligung stützen sich auf eine Krisendiagnose, die Interessenkonflikte zwischen Konzernen, ihren politischen Helfern und den von ihren Maßnahmen Betroffenen vor allem als »Kommunika-

---

81   Giesa, Bürger, S. 18

tionspannen«[82] sehen will. Bemängelt wird ein politischer Stil, der die
Bürger deshalb in Rage versetze, weil sie sich nicht ernst genommen
fühlten.[83] Bundestagspräsident Norbert Lammert (CDU) kritisiert, dass
Parlamente und Regierungen dazu neigten, »die Kommunikation mit
den Bürgern unter Hinweis auf ihre Zuständigkeit und möglicherweise
auch auf die Überprüfung der getroffenen Entscheidungen durch or-
dentliche Gerichte zu versäumen oder gar zu verweigern.« (*Tagesspiegel*,
31.10.2010) Tamara Zieschang, Staatssekretärin im Ministerium für Wissenschaft, Wirtschaft und Verkehr des Landes Schleswig-Holstein verlangt von ihren Parteifreunden in der CDU daher, diese sollten mit den
Bürgerinitiativen einen sachlichen Dialog auf Augenhöhe führen: »Es
geht um den offenen und transparenten Austausch der Argumente. (...)
An einer wechselseitigen Sprachlosigkeit zwischen Politik auf der einen
und Bürgerinitiativen auf der anderen Seite, wie sie bei Stuttgart 21 zu-
tage trat, kann nämlich gerade die CDU kein Interesse haben. Schließlich wirft eine solche Sprachlosigkeit (im Gegensatz zur Uneinigkeit in
der Sache) unweigerlich die Frage auf, ob die CDU den Bezug zu den
Bürgerinnen und Bürgern verloren hat.«[84] Durch »bürgeraktivierende
Kommunikation« – das heißt: verständliche Vermittlung von profes-
sionalisiertem Spezialwissen, die Ergänzung der repräsentativen Demokratie durch neue Formen der Beteiligung sowie das »Mittel der
erweiterten Anhörung«[85] – will die ehemalige Bundesministerin Rita
Süssmuth (CDU) die Kommunikationsprobleme beheben.

　　»Das politische Kunststück für die Zukunft besteht darin, einerseits
mehr Bürgerbeteiligung zu institutionalisieren, andererseits Planungs-
und sonstige Verfahren dennoch zu verkürzen sowie konsensfähige
Entscheidungsverfahren irgendwo zwischen Volksabstimmung und

82　Giesa, Bürger, S. 123

83　Vgl. Borchard, Michael: »Volksdemokratie« in Deutschland? Eine kleine
　　kritische Kulturgeschichte der direkten Demokratie, in: Die Politische Mei-
　　nung, Nr. 498, Mai 2011, S. 18

84　Zieschang, Tamara: »Das Ganze im Blick haben«, in: Die Politische Mei-
　　nung, Nr. 496, März 2011, S. 19

85　Süssmuth, Rita: »Demokratie: Mangelt es an Offenheit und Bürgerbeteili-
　　gung?«, in: APuZ, 44-45/2011, S. 5

Parlamentsentscheiden zu entwickeln, deren Legitimation ausreichend dafür ist, dass getroffene Entscheidungen dann auch in die Tat umgesetzt werden«[86], schreibt Lothar Frick, der für die Zeit der Stuttgart-21-Moderation das Büro des Schlichters Heiner Geißler leitete. Die aus dem Unionslager kommenden Vorschläge zur Bürgerbeteiligung bewegen sich zwischen zwei Polen: Der eine sieht Beteiligungsformen vor, die den Bürgern zwar mehr Mitsprache ermöglichen, bei denen die Politiker aber nach wie vor das Steuer fest in der Hand behalten. Typisch ist die Haltung eines Redakteurs der von der Konrad-Adenauer-Stiftung herausgegebenen Monatszeitschrift *Die Politische Meinung,* der für »neue und zumeist innovative Formen der Partizipation und Mediation«[87] wirbt, aber davor warnt, auf der Bundesebene Plebiszite einzuführen. Der andere verlangt tatsächlich mehr Möglichkeiten der Mitentscheidung für die Bürger. Nur dadurch, meint beispielsweise Heiner Geißler, lässt sich das Vertrauen in eine durch das Privateigentum an den Produktionsmitteln bestimmte Gesellschaftsordnung der »sozialen Marktwirtschaft« auf Dauer erhalten.

Der Veteran als Erneuerer:
Was Heiner Geißler wirklich will

»Ich wünsche mir, dass es mehr Menschen gibt, auch in der CDU, die wie Herr Geißler die jetzige Wirtschaftsordnung überwinden wollen«, sagte die Linkenpolitikerin Sahra Wagenknecht im Gespräch mit der Wochenzeitung *Die Zeit* (Nr. 51, 15.12.2011). Wer hätte gedacht, dass ein ehemaliger Generalsekretär der CDU (1977 bis 1989) einmal auch von Seiten der Linken viel Lob für seine gesellschaftspolitischen Vorschläge erhalten würde. Schließlich gründet sein politisches Bekenntnis zur sogenannten sozialen Marktwirtschaft seit jeher auf dem schlichten

---

86   Frick, Lothar: »Vorbild für eine neue Form des Dialogs? Die Schlichtung zu
      Stuttgart 21: Eskalation und Deeskalation eines Konflikts, in: Die Politische
      Meinung, Nr. 498, Mai 2011, S. 23

87   Borchard, »Volksdemokratie«, S. 14

Glaubenssatz: »Der Kapitalismus ist genauso falsch wie der Kommu-
nismus.« Doch neben scharf vorgetragenen Attacken gegen den Neoliberalismus lässt ihn vor allem sein kompromissloses Eintreten für
mehr Bürgerbeteiligung als einen außergewöhnlich fortschrittlich ge-
sinnten Unionspolitiker erscheinen. »In einer Zeit der Mediendemo-
kratie mit Internet, Facebook, Twitter, einer Billion Webseiten und der
möglichen Mobilisierung von 10.000en Menschen innerhalb kurzer
Frist per Mausklick kann die Demokratie nicht mehr so funktionieren
wie im letzten Jahrhundert«, erklärt er auf seiner Homepage.[88]

Geißler weiß: Längst haben autoritäre Politikstile auch unter
potenziellen Unionswählern deutlich an Zuspruch verloren. Da einer
wachsenden Zahl von Bürgern die pauschale obrigkeitsstaatliche Diffamierung von Protestierenden als Chaoten nicht mehr einleuchten
will, werden neue Wege gesucht, um die Profitinteressen privater
Unternehmen zu wahren und die Eigentumsverhältnisse zu schützen.
Baden-Württembergs Ministerpräsident Stefan Mappus (CDU) musste
nicht zuletzt wegen seiner von der Bevölkerungsmehrheit als unange-
messen betrachteten Härte in der Auseinandersetzung um das Bahnprojekt Stuttgart 21 seinen Stuhl zugunsten des Grünenpolitikers Winfried Kretschmann räumen. Heiner Geißler dagegen demonstrierte
seinen Parteifreunden und dem Fernsehpublikum viele Wochen lang,
wie er sich die Erneuerung der repräsentativen Demokratie vorstellt.
Als Schlichter in Sachen Stuttgart 21 setzte er sich mit Hilfe seines Bü-
roleiters Lothar Frick so geschickt in Szene, dass er beinahe von allen
Seiten gute Noten zugesprochen bekam und sich vor Einladungen in
die einschlägigen Fernsehtalkshows kaum retten konnte. Sein Erfolgs-
prinzip war ebenso schlicht wie publikumswirksam: Er präsentierte
sich in den vom Fernsehsender Phoenix übertragenen Sitzungen als
Anwalt der ganz normalen Bürger, der den von den Befürwortern und
den Gegnern des Bahnprojekts bestellten Experten immer dann die
Leviten las, wenn deren Ausführungen im Fachchinesisch unterzuge-
hen drohten. Mit seiner wiederholten Forderung nach mehr Transpa-

---

88 www.heiner-geissler.de/documents/heiner-geissler.de_thema_die-direkte-
    buergerbeteiligung.pdf

renz in Verfahrensangelegenheiten klang er zuweilen wie ein Sprecher der zu diesem Zeitpunkt noch frisch und unkonventionell wirkenden Piratenpartei, frech gegenüber angemaßter Autorität und eine Haltung demonstrierend, die sich an festgezurrten Glaubenssätzen politischer Lager scheinbar nicht zu orientieren schien.

Schon vor seinem Abschluss stellte er das Schlichtungsverfahren als wegweisendes Demokratie-Experiment vor, das das Ende der Ära einer autoritären »Basta-Politik« einläute. Angesichts eines wachsenden Sachverstands und einer darauf gründenden Widerstandsbereitschaft betroffener Bürger seien Großbauprojekte künftig nur dann noch mit vertretbarem Aufwand durchsetzbar, wenn diese frühzeitig und umfassend in den Planungsprozess mit einbezogen würden. Mehr direkte Beteiligung soll dabei helfen, »ein Stück Glaubwürdigkeit und verloren gegangenes Vertrauen in die Demokratie zurückzugewinnen« und dadurch »eine Destabilisierung der politischen Instanzen zu vermeiden.«[89] Die für den Systemerhalt notwendige Akzeptanz des bestehenden parlamentarischen Repräsentativsystems, glaubt Geißler, sei heute nur noch durch eine Ergänzung desselben durch Elemente »der unmittelbaren Demokratie sowie eine grundlegende Reform des öffentlichen Planungs- und Baurechts«[90] zu erreichen. Elemente der Stuttgarter Schlichtung könnten sogar einen Beitrag dazu leisten, die Debattenkultur im Deutschen Bundestag zu verbessern. »Was wir in Stuttgart mit dem Faktencheck gemacht haben vor einer totalen Öffentlichkeit, kann man auch im Bundestag umsetzen. Wenn man beispielsweise in der Hartz-IV-Diskussion mit Folien die Argumente und Berechnungsarten gegenseitig darstellt und das über Phoenix bundesweit bekannt macht, dann hätte man dieselben Zuschauerzahlen wie in Stuttgart bekommen. So verharrt das Parlament bei den Uralt-Methoden. Man hält Fensterreden und beschimpft sich gegenseitig«, sagte Geißler im Gespräch mit *Zeit online.*

---

89   Geißler, Heiner: Sapere aude! Warum wir eine neue Aufklärung brauchen. Berlin 2012, S. 133, 137

90   www.heiner-geissler.de/documents/heiner-geissler.de_thema_die-direkte-buergerbeteiligung.pdf

Geißlers vehement vorgetragenes Plädoyer für mehr direkte Demokratie, sein demonstratives Lob der Ökologie-, der Anti-Atom-
kraft-, der Frauen- und der Occupy-Bewegung, ist weitaus mehr als
der Versuch eines Politikveteranen sich einmal mehr als origineller
Trendsetter zu profilieren. Sein demokratiepolitischer Vorstoß erfüllt
einen wichtigen strategischen Zweck. Hatte die wichtigste Aufgabe des
von Geißler, Norbert Blüm und Rita Süßmuth repräsentierten Erneue-
rerflügels der Union bis zum Ende der Ära Kohl darin bestanden, das
widerständige Potenzial der abhängig Beschäftigten mit einer ideologischen Melange aus christlicher Soziallehre und den ökonomischen
Thesen des Ordoliberalismus »sozialpartnerschaftlich« zu vereinnahmen, soll das gleiche Ziel unter den heutigen Bedingungen durch die
Hinzunahme neuer Integrationsmittel erreicht werden.

Heiner Geißler geht dabei deutlich weiter als jene Parteifreunde,
die den Bürgern zwar mehr Mitsprache ermöglichen, in letzter Konsequenz dann aber doch das Steuer fest in der Hand behalten wollen
und sich daher zum Beispiel davor scheuen, auf der Bundesebene Plebiszite einzuführen. Nur durch eine echte Beteiligung, so glaubt er,
lässt sich das Vertrauen in die bestehende Gesellschaftsordnung auf
Dauer erhalten. Mitglieder von Bürgerinitiativen und außerparlamen-
tarischen Bewegungen sollen nicht mehr ausgegrenzt, sondern durch
neue Dialog- und Mediationsverfahren aktiv eingebunden werden. Er
ist dafür, Volksbefragungen auch auf der Länder- und Bundesebene
als Möglichkeit einer unmittelbaren Bürgerdemokratie einzuführen.
Die Gegner von Großprojekten sollen künftig mit ausreichenden öffentlichen Mitteln ausgestattet werden, um eigene Gutachten zu finanzieren.[91] Die Hälfte des Etats des Bundespresseamts, so Geißler im
Gespräch mit *Zeit online* (23.02.2011) könnte Bürgerinitiativen zu Verfügung gestellt werden, anstatt sie für Hochglanzbroschüren zu ver-
wenden.

---

91   Und nicht nur vermehrt angehört werden, wie es der von Verkehrsminis-
      ter Peter Ramsauer und Bundesinnenminister Hans-Peter Friedrich (beide
      CSU) im März 2012 vorgestellte Entwurf eines Gesetzes zur »Verbesserung
      der Öffentlichkeitsbeteiligung und Vereinheitlichung von Planfeststellungs-
      verfahren« vorsieht.

Mit einer wirklichen Systemveränderung hat Geißler dennoch nichts im Sinn. Trotz aller linken Rhetorik ist nach wie vor auf ihn Verlass, wenn im Wahlkampf die Werbetrommel für Angela Merkel oder andere hochrangige Unions-Kandidaten gerührt werden soll. Welche Differenzen er in Einzelfragen mit ihr auch gehabt haben mochte, für Geißler war es eine Selbstverständlichkeit, der CDU-Ministerpräsidentenkandidatin Julia Klöckner in ihrem Wahlkampf in Rheinland-Pfalz beratend zur Seite zu stehen. Zu keinem Zeitpunkt seiner Karriere machte er den Anschein, seine angestammte politische Heimat zu verlassen. Daran hat auch die Mitgliedschaft bei Attac nichts geändert. Denn ihm geht es nicht um den Bruch mit dem kapitalistischen Profitprinzip, sondern um die politische Regulierung desselben in der »sozialen Marktwirtschaft« Ludwig Erhards, Alexander Rüstows und Walter Euckens. Von einem Zusammenhang zwischen kapitalistischer Expansion, Rohstoffhunger, geostrategischen Interessen und westlicher Kriegspolitik ist auch in Geißlers Buch »Sapere aude!« nirgendwo die Rede. Die NATO erscheint darin als eine Art christlicher Heilsarmee mit anderen Mitteln, die Bundeswehr als »Teil einer Wertegemeinschaft, die sich dem Erbe der Aufklärung, der Verteidigung der Freiheit und dem Schutz der Menschenrechte verpflichtet weiß.«[92]

Damit die Verhältnisse in Krisenzeiten so bleiben können, wie sie sind, müssen Veränderungen her, die an den Machtstrukturen gerade so viel ändern, dass die Vorherrschaft des großen privaten Eigentums erhalten bleibt. Auch Geißlers Engagement für mehr unmittelbare Bürgerbeteiligung zielt nicht auf eine wirklich umfassende Demokratisierung, welche die materiellen Lebensverhältnisse und die Sphäre gesellschaftlicher Produktion zum Kern haben müsste. Sie ist vielmehr eine zeitgemäße Antwort auf die Frage, wie sich das Vertrauen in die bestehende Gesellschaftsordnung in Zeiten eines krisengeschüttelten High-Tech-Kapitalismus erhalten lässt. Mithin geht es um das, was der Psychologe Peter Brückner einst mit dem Begriff der Massenloyalität zu fassen versuchte: Die gewaltlose Steuerung und Kontrolle einer Bevölkerung, die in zunehmenden Maße nicht mehr in Gruppen und

---

92 Geißler, Sapere, S. 69

Verbände organisiert auftritt, sondern sich in Individuen gliedert, die auch als solche angesprochen werden wollen. Nur mit Hilfe direkt-demokratischer Mittel erscheint es nun noch möglich, die widerstän-dige Energie unzufriedener Bürger in einen zivilgesellschaftlichen Konsens umzuwandeln.

Im Lichte einer erneuten Lektüre des »Manifests der Kommunis-tischen Partei« erscheint Geißler als ein in der Dimension praktischer Politik ungemein innovativer Vordenker jenes Teils der herrschen-den Klasse, der den sozialen und politischen Missständen abzuhelfen wünscht, »um den Bestand der bürgerlichen Gesellschaft zu sichern.« (MEW 4, S. 488) Wenn er heute die Vision einer »Internationalen Öko-Sozialen Marktwirtschaft mit geordnetem Wettbewerb«[93] als hu-mane Antwort auf einen gescheiterten Kapitalismus entwirft und eine Ergänzung der politischen Verfahren mit direktdemokratischen Ele-menten fordert, erweist er sich als moderner Vertreter eines konser-vativen oder Bourgeoissozialismus, wie Marx und Engels ihn bereits in der Mitte des 19. Jahrhunderts skizzierten. »Unter Veränderung der materiellen Lebensverhältnisse versteht dieser Sozialismus aber keineswegs Abschaffung der bürgerlichen Produktionsverhältnisse, die nur auf revolutionäre Wege möglich ist, sondern administrative Verbesserungen, die auf dem Boden dieser Produktionsverhältnisse vor sich gehen, also an dem Verhältnis von Kapital und Lohnarbeit nichts ändern, sondern im besten Fall der Bourgeoisie die Kosten ihrer Herrschaft vermindern und ihren Staatshaushalt vereinfachen.« (MEW 4, S. 489) Nicht um die Überwindung der kapitalistischen Wirtschaftsordnung geht es ihm, sondern um ihre Erneuerung.

Gehörtwerden in Baden-Württemberg

Was es heutzutage bedeuten kann, auf Konfrontationskurs zu pro-testierenden Bürgern zu gehen, musste zuletzt Baden-Württembergs Ministerpräsident Stefan Mappus (CDU) erfahren. Sein Versuch, das

---

93   Geißler, Sapere, S. 47

Bahnprojekt Stuttgart 21 nicht im Dialog, sondern mit Hilfe polizei-
licher Gewalt durchzusetzen, verhalf Winfried Kretschmann zu dem
Triumph, der erste grüne Ministerpräsident zu werden. Schon als Vorsitzender der Grünen im Landtag von Baden-Württemberg hatte dieser angekündigt, anders als Mappus den Bürgerprotest ernst nehmen
zu wollen. Er versprach einen entsprechenden Stilwechsel der Politik.
Als Ministerpräsident wolle er eine »Politik des Gehörtwerdens« vo-
ranbringen. Winfried Kretschmann gewann den Landtagswahlkampf
mit diesem Versprechen. Ein Mann, ein Wort. Kaum im Amt, machte
der erste Ministerpräsident mit grünem Parteibuch Nägel mit Köpfen.
Er schuf für die Grünenpolitikerin Gisela Erler im Mai 2011 das Amt
einer Staatsrätin für Zivilgesellschaft und Bürgerbeteiligung. Was die
darunter versteht, hat freilich mit den einst auch von ihr vertretenen
Ideen der 1968er und »mit der Demokratie des wirklichen Gehörtwerdens wenig am Hut«.[94]

Der seit vielen Jahren in sozialen Bewegungen engagierte Politikwissenschaftler Peter Grottian meint jedenfalls, dass in der von Erler
initiierten Allianz für Beteiligung das wirklich kritische Demokratie-
potential nur in Spurenelementen vorkomme: »Gegner von Stuttgart 21, die Initiative zur Rheintal-Strecke, aufmüpfige lokale und
regionale Initiativen. Die Allianz ist so staatsintegrierend von oben
konzipiert, trotz aller Beteuerungen zu einem selbsttragenden Netzwerk. Zugespitzt: Die Demokratie des Gehörtwerdens ist ein diffuses
Konzept von oben und keine Ermutigung von unten.«[95]

Offenbar ist sich die Tochter des bekannten Sozialdemokraten
Fritz Erler (1913–1967), die sich in der Vergangenheit eher auf dem
Feld der Familienpolitik hervorgetan hat, in Sachen Bürgerbeteiligung mit ihrem Ehemann Warnfried Dettling (CDU) einig.[96] Der
ehemalige Erwin-Teufel-Berater[97] und einstige Leiter der Hauptab-

---

94   Grottian, Peter: König Winfried, der Zauderer, in: Kontext: Wochenzei-
       tung, 27.09.2012, www.kontextwochenzeitung.de

95   Ebd.

96   Hier mit ihr zu sehen: www.gisela-erler.de/lebenslauf.htm

97   Vgl. Stefan Hupka, Eine Frau fürs Zuhören, in: Badische Zeitung, 18.05.2012

teilung Politik in der CDU-Bundesgeschäftsstelle ist seit vielen Jahren darum bemüht, dem Unionslager eine zurechtgestutzte Form von »Basisdemokratie« schmackhaft zu machen, die sich als Mittel zum neoliberalen Umbau der Gesellschaft eignet. So verlangte er in einem Aufsatz, den Sozialstaat künftig so »zu organisieren, dass er Teilhabe, Entfaltung und Beschäftigung nicht nur durch Transferzahlungen und Schutzrechte fördert, sondern genauso durch die Entwicklung und Stärkung von Märkten mit sozial besseren Ergebnissen«.[98] Empfänger von Sozialleistungen bezeichnet Dettling gerne als »Sozialstaatskunden« oder als »Transfermultis, die verschiedene Berechtigungen mit sich herumtragen«.[99] Man fühlt sich an die Ausdrucksweise Thilo Sarrazins erinnert.[100] Die kapitalistische Konkurrenzgesellschaft ist für Dettling das bevorzugte Feld der Selbstorganisation der Bürger. Der Markt sei »der Ort der Selbstverwirklichung, der sozialen Integration in die Gesellschaft und der Anerkennung durch andere.«[101] Erler wiederum wirkt seit 2005 in der nach ihrem Mann benannten Politikberatungsfirma »Dr. Dettling Politikberatung GmbH« mit – und schmückt sich in Interviews schon mal mit dem eigenwilligen Engagement ihres Gatten. Dass die demonstrative Politik der Bürgerbeteiligung in Baden-Württemberg bisher jedoch kaum mehr als eine Luftnummer ist, muss niemanden überraschen. Jedenfalls scheint die Regierung nicht die Absicht zu hegen, sich ernsthaft mit den ökonomisch Mächtigen anzulegen. In den Augen Erlers ist es schon bei der Schlichtung in Sachen Stuttgart 21 nicht nur um Partizipation, sondern auch um »Befriedung und Respekt voreinander«[102] gegangen.

---

98   Dettling, Warnfried: Sicherheit und Anerkennung – Der Sozialstaat an den Grenzen der Umverteilung, in: Pfeiffer (Hg.): Eine neosoziale Zukunft. Wiesbaden 2010, S. 63

99   Dettling, Sicherheit, S. 65

100   Tatsächlich hat Sarrazin zu dem von Ulrich Pfeiffer herausgegebenen Sammelband »Eine neosoziale Zukunft«, dem diese Zitate entnommen sind, einen eigenen Aufsatz beigesteuert.

101   Dettling, Sicherheit, S. 71

102   »Super, wenn sie losgelassen«, www.kontextwochenzeitung.de

Die unter Erlers Federführung im Herbst 2012 vom Kabinett beschlossenen Eckpunkte eines neuen Planungsleitfadens, mit dem sich das Land selbst dazu verpflichtet, bei eigenen Infrastrukturvorhaben wie dem Verkehrswegebau eine frühe Bürgerbeteiligung durchzuführen, ist erkennbar aus der Perspektive von oben konzipiert. Die Runde, von der die konkreten Empfehlungen entwickelt werden, setzt sich nämlich nicht aus engagierten Bürgern zusammen, sondern besteht aus den üblichen Experten aus Verwaltung, Unternehmen, Kommunen, Wissenschaft sowie aus »erfahrenen Verbandsvertretern«, die sich schließlich mit den Mitarbeitern der Landesverwaltung zusammensetzen sollen. Von Baumschützern und anderen Radikaldemokraten keine Spur. Der Leitfaden, der unter anderem festlegt, welche Bürger wann und wie in die Verfahren einbezogen werden, soll im Herbst 2013 als Verwaltungsvorschrift für die Landesverwaltung erlassen werden.

Mitreden ja, aber nicht entscheiden: Ein Regierungs-Leitfaden für Bürgerbeteiligung

Als bloße Farce entpuppten sich auch jene Vorschläge zur Erweiterung der Möglichkeiten zur Bürgerbeteiligung bei der Planung von Großvorhaben im Verkehrssektor, die Bundesverkehrsminister Peter Ramsauer und Bundesinnenminister Hans-Peter Friedrich (beide CSU) bei einer gemeinsamen Pressekonferenz am 28. März 2012 in Berlin vorstellten. Sie stellen in Aussicht, kostspieligen Protesten vorzubeugen, indem »aus Betroffenen Beteiligte werden.«[103] Der von Friedrich vorgestellte Entwurf eines Gesetzes zur »Verbesserung der Öffentlichkeitsbeteiligung und Vereinheitlichung von Planfeststellungsverfahren« (PlVereinhG) dient der Konfliktvermeidung und soll die gerichtliche Anfechtung von Behördenentscheidungen reduzieren helfen. Bei dem außerdem präsentierten 80-seitigen Entwurf für ein

---

103 www.bmvbs.de/SharedDocs/DE/Artikel/UI/handbuch-buergerbeteiligung.html

Handbuch für eine gute Bürgerbeteiligung, das am 6. November 2012 publiziert wurde, handelt es sich nach Aussage von Ramsauer um einen »Werkzeugkasten«, mit dem Behörden und Bauträger für eine effektive Einbindung der Betroffenen sorgen könnten. Als Konsequenz aus den Protesten gegen das Bahnprojekt Stuttgart 21 hatte Merkels Kabinett bereits zuvor beschlossen, die Bürger bei Großprojekten umfassender und früher als bisher in die Planungen einzubinden. Der Gesetzentwurf vom Februar 2012 setzt ganz auf das Prinzip der Freiwilligkeit. Das Handbuch wiederum liefert für die daher unverbindlich bleibenden Empfehlungen konkrete Umsetzungsvorschläge. Dazu gehören Runde Tische, Bürgersprechstunden und die Nutzung des Internets. Mit ihrer Hilfe sollen Großprojekte wie Flughäfen, Bahnlinien und Stromtrassen demnächst schneller verwirklicht werden können.

Die Bürger sollen, wenn es für nötig erachtet wird, besser informiert werden und gegebenenfalls vermehrt die Möglichkeit erhalten, frühzeitig zu geplanten Bauvorhaben Stellung zu beziehen. Das Recht, tatsächlich mit zu entscheiden, ist für sie dagegen nicht vorgesehen. Die »grundsätzliche Bedarfsentscheidung für Infrastrukturprojekte« treffe das Parlament, heißt es auf der Homepage des Bundesverkehrsministeriums: »Dabei findet, wie bei anderen parlamentarischen Entscheidungen der repräsentativen Demokratie auch, keine Bürgerbeteiligung statt.«[104] Obwohl die Erweiterung der Bürgerbeteiligung auch in der kastrierten Form, wie sie von der Regierung intendiert ist, zunächst mehr Aufwand für private Projektträger und Behörden bedeutet, glaubt man mit ihrer Hilfe in späteren Planungsphasen eine Menge Geld und Zeit sparen zu können.

Eine Reihe von Aspekten macht die Ausweitung von Beteiligungsverfahren in den Augen der Regierung zu einem geeigneten Mittel der Befriedung und Akzeptanzbeschaffung.[105] Erstens würden die Bürger frühzeitig integriert und seien daher eher bereit, dem Vorha-

---

104   www.bmvbs.de/SharedDocs/DE/Artikel/UI/handbuch-buergerbeteiligung-fragen-und-antworten.html?nn=81086

105   Vgl. www.bmvbs.de/cae/servlet/contentblob/81212/publicationFile/54326/handbuch-buergerbeteiligung.pdf

ben ihre Zustimmung zu geben. Zweitens könnten manche Konflikte durch die rechtzeitige Information der Bürger schon im Vorfeld
des förmlichen Verfahrens gelöst werden. Drittens trügen die Bürger
selbst zur Optimierung der technischen Planung bei. Viertens könnten gerichtliche Auseinandersetzungen, das heißt Verfahrensverzöge-
rungen und gegebenenfalls auch nachträgliche Änderungen, durch
entsprechende Plananpassungen vermieden oder zumindest verrin-
gert werden. Fünftens werde die Legitimation des Planungs- und Ent-
scheidungsprozesses durch die Berücksichtigung der Einwände der
Bürger selbst dann erhöht, wenn diese am Ende gegenüber anderen
Interessen zurückstehen müssten. Sechstens ermögliche die erhöhte
Transparenz die Möglichkeit, den Planungs- und Entscheidungsprozess nachzuvollziehen.

Insgesamt sollen Elemente der Bürgerbeteiligung dazu beitragen,
das Vertrauen der Bürger in Verwaltung und Politik zu steigern. Der
Konsens für eine Entscheidung steige, wenn das zugrunde liegende
Verfahren als fair betrachtet werde. Die Vehemenz der zahlreichen
Bürgerproteste der vergangenen Jahre wird einen Anteil daran haben,
dass vielen Kommentatoren der Ministervorstoß in Richtung mehr
Bürgerbeteiligung als ausgesprochen dürftig erscheint. »Friedrich und
Ramsauer wollen eine Art Frühwarnsystem für Bürgerproteste instal-
lieren«, heißt es in der *Welt* vom 29. März 2012, und Christian Bomma-
rius betonte am gleichen Tag in seinem Kommentar für die *Frankfurter
Rundschau* was das Handbuch an Empfehlungen nicht enthält: »Neue
verbindliche Garantien einer Bürgerbeteiligung, die über das Recht
zur Anhörung und Wortmeldung hinausgeht.«[106] Das Erscheinen des
Buches im November 2012 kommentierte der BUND-Verkehrsexperte
Werner Reh mit den Worten: Ohne Rechtsanspruch auf Transparenz
bleibe Beteiligung ein leeres Versprechen. Ramsauer habe mit seinem
»Märchenbuch zur Bürgerbeteiligung« eine Nebelkerze geworfen.[107]

---

106 www.fr-online.de/meinung/leitartikel--ramsauers-handbuch-zur-buerger-
     beteiligung-hauptsache-placebo,1472602,12713110.html

107 Vgl. www.braunschweiger-zeitung.de/nachrichten/Deutschland/ramsauer-
     will-buerger-bei-grossprojekten-staerker-einbeziehen-id795858.html

Bonapartistische Inszenierung:
Angela Merkels Zukunftsdialog

Mit ihrem im Frühjahr 2012 begonnenen »Dialog über Deutschlands Zukunft« hat Bundeskanzlerin Angela Merkel die Installierung von neuen Möglichkeiten der Bürgerbeteiligung in das liberalkonservative Modernisierungsprojekt zur Chefsache gemacht.[108] Im Grunde sei das Thema Bürgerbeteiligung eine »Leitmelodie des Bürgerdialogs«[109], schreibt Christoph Schlegel,[110] der von der Bundeskanzlerin beauftragte Autor des noch vor dem offiziellen Beginn des Bundestagswahlkampfs 2013 erschienenen und von Angela Merkel selbst herausgegebenen Begleitbuchs zu diesem Regierungsprojekt: »Eineinhalb Jahre lang haben sie im Kanzleramt das Format vorbereitet, seit Frühsommer 2012. Sie wollten einen neuen politischen Stil ausprobieren: Das Internet, das unsere Gesellschaft radikal demokratisiert und das jedem die Gelegenheit gibt, seine Meinung kundzutun, sollte in die Politik integriert werden. Die Kanzlerin hatte den Auftrag erteilt, die Bürger mehr als bislang einzubinden. Die Menschen sollten die Möglichkeit bekommen, sich aktiv an der Bundespolitik zu beteiligen. Was in der Lokalpolitik leichter möglich ist, sollte auf diesem Wege auch in der Bundespolitik versucht werden.«[111]

Der Zukunftsdialog basierte auf Gesprächen mit 128 Experten, die sich zu thematischen Arbeitsgruppen zusammengefunden hatten, sowie verschiedenen Möglichkeiten einer direkten Beteiligung der

---

108   Im *Stern* (02/2012) kommentierte Hans-Ulrich Jörges: Zum ersten Mal in ihrer schon sechs Jahre dauernden Kanzlerschaft unternehme Angela Merkel »den Versuch eigener Sinnstiftung«.

109   Merkel, Angela (Hg.): Dialog über Deutschlands Zukunft. Hamburg 2012, S. 32

110   Der ehemalige Spiegel-Journalist verdingt sich nach eigenen Angaben als Redenschreiber für die Bundesregierung (BMAS, BMFSFJ), für Abgeordnete (MdB, MdL) und für große Konzerne wie Daimler AG, Volkswagen AG, Microsoft, ADAC, Metro, Wirtgen-Group, VCI, Coca-Cola, Samsung, Serview, Wintershall, Pleon, Ergo Kommunikation, Media Consulta, Hill & Knowlton. Vgl. www.schlegel-reden.de/referenzen.html

111   Merkel, Dialog, S. 26

ganz normalen Bürger. Diese konnten sich auf einer eigens eingerichteten Internetseite mit eigenen Vorschlägen und Kommentaren einbringen. Eine kleine Anzahl von ihnen erhielt dann im Rahmen von zunächst drei Bürgergesprächen die Gelegenheit, der Bundeskanzlerin Angela Merkel einmal die Meinung zu sagen. Mit im Boot saßen die Bertelsmann-Stiftung und der Volkshochschulverband, der nach drei vorangegangenen Veranstaltungen der Bundesregierung im Juni einen vierten Bürgerdialog mit der Kanzlerin in Berlin organisierte. Im Mittelpunkt dieses Bürgerdialogs standen drei Fragenkomplexe: Wie wollen wir zusammenleben und denen helfen, die noch am Rande stehen? Wie sichern wir unseren Wohlstand? Wie lernen wir als Gesellschaft? Gute Ideen, so ließ sich Merkel vernehmen, werde sie an die zuständigen Ministerien weiterleiten. Das Kanzleramt wolle auf diese Weise »Partizipation konkret machen.«[112]

Die Dialoginszenierung in der Regie des Kanzleramts war freilich alles andere als ein Fortschritt in Sachen Demokratie. Beobachter hinterfragten, ob durch die Initiative der CDU-Politikerin die notwendige Trennung von Partei- und Regierungsarbeit gewahrt bliebe oder der zu erwartende Ideen-Input den vom Kanzleramt betriebenen Aufwand und dem damit verbundenen Einsatz von Steuergeldern rechtfertigen könne. Schwerer wiegt der Einwand, dass die Bürgerbeteiligung nur simuliert war. Beim ersten Bürgergespräch in Erfurt nahm sich die Kanzlerin knappe 90 Minuten Zeit für die Vorschläge von 100 ausgewählten Bürgern.

Die organisierten Vertreter der Interessen abhängig Beschäftigter und kapitalismuskritische oder explizit linksorientierte Vereine, Netzwerke und Bündnisse blieben bei alldem deutlich unterrepräsentiert oder gänzlich außen vor. »Der Zukunftsdialog findet außerhalb üblicher politischer Strukturen und Zeitpläne statt. Er findet auch nicht zwischen den üblichen Akteuren in Ministerien, Parlamentsausschüssen und Verbänden statt«, schreibt Angela Merkel in ihrem Vorwort.[113] Die Inszenierung eines unmittelbaren Dialogs zwischen Kanzlerin,

---

112 Merkel, Dialog, S. 27

113 Merkel, Dialog, S. 9

Experten und Bürgern betont die vermeintlich überparteiliche Volksnähe Merkels.

Der für die Demokratieauffassung der alten Bundesrepublik kons-
titutive Pluralismus organisierter Interessen, der auch der in Gewerkschaften, eigenen Vereinen und Parteien zusammengeschlossenen
Arbeiterschaft eine nicht zu ignorierende Machtposition einräum-
te, ist für sie offensichtlich kein zukunftsfähiges Politikmodell mehr.
Wenn auch weiterhin »viele Entscheidungen in der Hand der Politik,
im Parlament und in der Regierung, liegen«[114] würden, so die Kanzlerin, bräuchte es doch »neue Wege, um zu diesen Entscheidungen zu
kommen.«[115] Das sei nötiger denn je, denn: »zu vielschichtig sind die
Entwicklungen unserer Zeit, zu vernetzt ist die Welt, zu anspruchs-
voll sind die Aufgaben.«[116] Augenscheinlich hat die Rede von der zunehmenden Komplexität hier die Funktion, die Zurücksetzung des
Parlaments und der organisierten Interessengruppen zu rechtfertigen.
Die Regierungschefin erscheint als direkter Ansprechpartner der Bürger, nicht als Vertreterin irgendwelcher Interessen, eines Parteipro-
gramms oder einer Weltanschauung. »Was hängen bleibt ist: Da ist
ein Mensch«, fasste Jörg Dräger, Vorstandsmitglied der Bertelsmann
Stiftung, die ihm offensichtlich willkommene Wirkung der Auftritte
der Kanzlerin im Rahmen des Bürgerdialogs zusammen.

Inszenierte Überparteilichkeit

Das Dialogverfahren erinnert mehr an monarchische oder präsiden-
tiale Inszenierungen von Bürgernähe als an wirkliche Partizipation.
»Es agiert die Kanzlerin persönlich; gelegentlich tritt sie bei den
Expertenrunden auf, zuhörend, fragend, kommentierend, bis sie,
klar, schnell nach Brüssel muss und anderswohin in den politischen
Alltag. Minister spielen bei all dem keine Rolle. Es dialogisiert das

114   Merkel, Dialog, S. 9
115   Merkel, Dialog, S. 9
116   Merkel, Dialog, S. 9

Unikat Merkel. Als wäre sie die Präsidentin des Landes – oder die Generalsekretärin«, kritisierte Franz Müntefering in der *Süddeutschen Zeitung* (28.08.2012). Die von dem SPD-Politiker in diesem Zusammenhang beanstandete Umgehung des Parlaments macht für die konservative Publizistin Gertrud Höhler einen Kernbestandteil des von ihr als »System M« bezeichneten Machtsystem Merkels aus, dessen überparteiliche Ausrichtung mit einem gehörigen Maß an Demokratieverlust und Machtzentralisierung einhergehe: »Für die Kanzlerin Merkel ist schon länger nicht mehr relevant, mit welcher Partei sie an die Spitze der Regierung gelangt; ihr Nachhaltigkeitskonzept für ihre Politkarriere ist die schleichende Entmachtung der übrigen Parteien.«[117]

Die überparteiliche Pose, der zur Schau gestellte Pragmatismus vermeintlicher Volksnähe bedeutet nicht ein Mehr an Demokratie, sondern ist die mit partizipatorischen Floskeln aufgepeppte moderne Version einer im 19. Jahrhundert etablierten Herrschaftstechnik, die Elemente der Demokratie und der Diktatur zu mischen verstand. Gemeint ist der Bonapartismus. In seiner klassischen Form wurde er als Mischung repressiver und plebiszitärer Elemente im französischen Zweiten Kaiserreich (1852 – 1870) von Louis Napoléon (Napoleon III.) etabliert und hat danach in der Rechten viele Anhänger gefunden. Die Verfechter des Bonapartismus waren und sind ständig darum bemüht, »die Geißel, die die Parteien sind, zu denunzieren, die sich zwischen den authentischen Volkswillen und den leader schieben, handele es sich nun um den leader des einzelnen örtlichen Wahlkreises oder den obersten Führer der Nation. Diese unmittelbare Beziehung wird – immer nach der bonapartistischen Propaganda – durch das Vorhandensein organisierter Parteien verfälscht.«[118] »Wahre Demokratie besteht nur da, wo die Gewalt im Volke ruht und nicht delegiert wird«,[119]

117　Höhler, Gertrud: Die Patin. Wie Angela Merkel Deutschland umbaut. Zürich 2012, S. 129

118　Losurdo, Domenico: Demokratie oder Bonapartismus. Triumph und Niedergang des allgemeinen Wahlrechts. Köln 2008, S. 369

119　Frantz, Constantin: Luis Napoléon. Masse oder Volk. Wien/Leipzig 1990, S. 48

fasste der preußische Bonapartist Constantin Frantz (1817–1891) die dahinter stehende Auffassung zusammen: »Die Staatsgewalt muss die Majorität des Volkes für sich haben, nicht die Majorität eines Parlaments, sondern ich sage die Majorität eines Volkes, weil nur dadurch der Kollektivwille, der sich in dem Chef vereinigt, die Macht einer physischen Notwendigkeit gewinnt. Daher muss das Stimmrecht allgemein sein und soweit ausgedehnt werden, als es überhaupt möglich ist.«[120]

Für die dem demokratischen Zeitalter angemessene, modernisierte Spielart dieser volkszugewandten Form autoritärer Herrschaft hat der italienische Philosoph Domenico Losurdo den Ausdruck Soft-Bonapartismus geprägt: Die Spitze der Exekutive inszeniert sich als unmittelbarer Ansprechpartner der Bürger, deren Interessen es gegen unfähige und für das Regierungsgeschäft entbehrliche Funktionäre aus Parteien und Gewerkschaften durchzusetzen gelte. Was der rechte Carl-Schmitt-Forscher und Publizist Günter Maschke über den Regierungsstil des Louis Napoléon schrieb – »Seine Politik mischte und konfundierte beliebig Konservatismus, Liberalismus und Sozialismus«[121] –, ähnelt auf verblüffende Weise dem oft als ideologiefrei beschriebenen Regierungspragmatismus der deutschen Bundeskanzlerin. »Merkel sammelt Markenkerne anderer Parteien. Unbefangen betritt sie mit fetter Beute in den Umfragewerten die nächste Arena. (…) Was gestern noch ein Alleinstellungsmerkmal war, kann morgen schon der Kanzlerin gehören«, schreibt Gertrud Höhler.[122] Merkels zurückhaltender, selten auftrumpfender Führungsstil unterstützt die bonapartistische Suggestion, dass einzig und allein sie selbst gewährleisten könne, dass die langfristigen Interessen der Mehrheit der Bevölkerung über den Tag und die Legislaturperiode hinaus berücksichtigt werden.

---

120   Frantz, Luis Napoléon, S. 61

121   Maschke, Günter: Der Cäsar als perfektionierter Louis Philippe, in: Romieu, Auguste: Der Cäsarismus. Das rote Gespenst. Wien/Leipzig 1993, S. 172-179, hier S. 175

122   Höhler, Patin, S. 104

Neoliberale Expertise

Die Auswahl der zahlreichen Experten, die von Merkel in das Dialogverfahren einbezogen werden, erscheint freilich wenig geeignet, diesem Anspruch zu genügen. Sie sind in gewisser Weise zwar überparteilich, deswegen aber längst nicht unparteiisch. So wurde ausgerechnet jene Arbeitsgruppe, die neue Formen der Partizipation diskutieren sollte, von Politik- und Unternehmensberatern dominiert, die vor allem die strategische Wirkung partizipatorischer Verfahren im Auge haben und das zivilgesellschaftliche Feld im Interesse möglichst reibungslosen Regierens neu strukturieren wollen. Die von dem Politikprofessor Oscar Gabriel geleitete Arbeitsgruppe »Chancen und Grenzen der Bürgerbeteiligung« vereinte Berthold Tillmann, den ehemaligen Oberbürgermeister von Münster, Susanne Sander vom Deutschen Institut für Community Organizing (DICO) und Hans-Peter Meister, den Gründer und Geschäftsführer des Instituts für Organisationskommunikation (IFOK GmbH).

Die Gruppe diskutierte, »wie generell eine ›kooperative Beteiligungskultur‹ (…) als Grundlage des Zusammenwirkens von Zivilgesellschaft, Politik und Verwaltung geschaffen« und ein »partnerschaftlicher Austausch«[123] zwischen diesen Gruppen organisiert werden kann. Christina Tillmann von der bis heute den neoliberalen Ideen ihres Gründers Reinhard Mohn verpflichteten Bertelsmann Stiftung vertrat die Auffassung, dass die Bürger in Verwaltungsfragen mitentscheiden oder bei der Planung von Großprojekten und auch bei Gesetzesvorhaben mitdebattieren können sollten.[124] »Stuttgart 21 habe gezeigt, dass Sachverhalte nicht nur unterschiedlich bewertet, sondern auch unterschiedlich wahrgenommen würden, so Gabriel. Deshalb ist in der Arbeitsgruppe die Idee gereift, über den stärkeren Einsatz von Mediatoren nachzudenken – und zu versuchen, einen konkreten Vorschlag zu formulieren, der in diese Richtung zielt. Mediatoren könnten als Schlichter zumindest die Wogen glätten und eine Kompromisslösung

---

123   Merkel, Dialog, S. 73
124   Merkel, Dialog, S. 211

herbeiführen.«[125] Charakteristisch für die im bürgerlichen Lager ver-
tretene Konzeption von direkter Demokratie ist der Versuch, das vorhandene Protestpotenzial so in die Regierungsführung einzubinden,
dass es die Prozesse privater Kapitalverwertung nicht stört, sondern
vielmehr erleichtert. Der Forderung nach mehr Beteiligung soll ent-
sprochen, ein unerwünschter sozialer Inhalt von Protesten zugleich
aber weitgehend herausgefiltert werden.

Was sich FDP-Strategen von der Bürgerbeteiligung erhoffen

Im Sommer 2012 unterhielten sich der Marburger Politikwissenschaftler Georg Fülberth und die damalige Piratenpolitikerin Julia Schramm
auf einer Podiumsdiskussionen im Rahmen des Berliner Fests der Linken auf dem Gelände der Kulturbrauerei auf dem Prenzlauer Berg
unter anderem über die Frage, ob die von den Piraten gemachten Vorschläge zur Erweiterung der Demokratie durch neue, technikgestützte
Verfahren der unmittelbaren Beteiligung von anderen Parteien würden übernommen werden können. Im Laufe des Gesprächs stellte sich
heraus, dass Fülberth sich das für die SPD, die Grünen und die Linken
gut vorstellen konnte, für die FDP und die Unionsparteien allerdings
nicht. »Unter dem Druck der Piraten werden sich die anderen ein bisschen modernisieren. Aber Parteien, die davon leben, dass sie nicht
demokratisch sind, können das Modell der Piraten nicht übernehmen.
Weder die FDP noch die CDU.«[126] Da er sie für in besonderem Maße
den Interessen des Kapitals verpflichtet hält, erscheint Fülberth insbesondere die FDP eine gänzlich ungeeignete Kandidatin zu sein, um
mehr direkte Demokratie zu realisieren. »Zur FDP, der Partei, die von
Industriespenden lebt, die eigentlich gar keine Mitglieder braucht, es
genügt der Kassierer, passt Liquid Feedback nicht.«[127]

---

125 Merkel, Dialog, S. 89
126 Neues Deutschland, Wochenendbeilage 28./29. Juli 2012
127 Ebd.

Fülberth ist ein kluger, gut informierter und urteilssicherer Beobachter des politischen Geschehens. Doch in diesem Fall irrte er. Ein erstes Indiz dafür ist ein Artikel in *Jung & Liberal,* dem Mitgliedermagazin der Jungen Liberalen. Unter der Überschrift »Digitale Bürgerbeteiligung im Deutschen Bundestag« wird dort die Einführung des Online-Partizipationstools *Adhocracy* des Vereins *liquid democracy e.V.* als »eine Revolution für mehr direkte Bürgerbeteiligung in der Arbeit des Bundestags« geradezu enthusiastisch begrüßt. Gezeichnet wurde der Beitrag von dem FDP-Bundestagsabgeordneten Sebastian Blumenthal, der als Vorsitzender des Unterausschusses »Neue Medien« und als Mitglied der Enquete-Kommission des Deutschen Bundestags »Internet und digitale Gesellschaft« die Sache der digitalen Bürgerbeteiligung aus liberaler Perspektive vertritt. Sicher hat Fülberth recht damit, dass sich die FDP im Zweifel noch deutlicher als andere Parteien den Interessen der Konzerne mehr verpflichtet fühlt als denen der großen Mehrheit der Bevölkerung. Wenn die FDP ankündigt, für mehr Demokratie und Freiheit sorgen zu wollen, dann heißt das nicht selten im Klartext: Sie will befreundeten Unternehmern mit Steuermitteln unter die Arme greifen oder vorgeblichen Leistungsträgern mit dicker Geldbörse dabei helfen, ihren Beitrag zum Gemeinwohl so gering wie möglich zu halten. Doch eine ausgesprochene Nähe zum Kapital und die Forderung nach mehr direkter Demokratie schließen sich keineswegs aus. Ganz im Gegenteil. Ohne einen Umbau der Demokratie – dem Schein nach eine »Demokratisierung der Demokratie« –, das ist eine sich zunehmend auch in Unternehmerkreisen verbreitende Überzeugung, schwinden in Zukunft auch die Aussichten auf Profit.

Beteiligungsorientierte politische Verfahren sind daher nicht bloß kompatibel mit der Art und Weise, wie die FDP heute Politik betreibt, sie sind seit langem Bestandteil ihrer Vision einer Bürgergesellschaft, die mehr und mehr Aufgaben des Staates übernehmen soll. Liberale Strategen und Vordenker arbeiten seit Jahren in Hinterzimmern, Beratungsunternehmen und Planungsbüros der FDP an Konzepten, mit denen die bislang von Parteien getragene repräsentative Demokratie in eine marktkonforme Beteiligungsgesellschaft umgewandelt werden kann. Bereits 1996 forderte der damals 22-jährige Kreisvorsitzende der Jungen Liberalen, Christopher Gohl, den Oberbürgermeister seiner Heimatstadt Stuttgart, Manfred Rommel, in einem offenen Brief dazu auf, die Bürger stärker an den Planungen zu dem laufenden Großprojekt Stuttgart 21 zu beteiligen.[128] Dass insbesondere liberale Politiker ein Händchen dafür entwickeln, die neuen Beteiligungsmedien auch effektiv anzuwenden, hat, um ein weiteres Beispiel zu nennen, 2010 die von einem großen Medienecho begleitete Facebook-Kampagne für die Kandidatur Joachim Gaucks als Bundespräsident gezeigt. Initiiert worden war sie von dem ehemaligen FDP-Politiker Christoph Giesa. »Wer es schafft, soziale und technische Innovation miteinander zu verknüpfen, der hält den Schlüssel zur Gestaltung der Zukunft in den Händen«,[129] begründet der liberale Vordenker, der seine Karriere als politischer Funktionär mittlerweile aufgegeben hat, seine Haltung zu den neuen digitalen Medien.

Bei der von Blumenthal, Gohl und Giesa gezeigten Begeisterung für neue partizipatorische Möglichkeiten des digitalen Zeitalters handelt es sich nicht um mehr oder weniger isolierte Einzelmeinungen, sondern um Positionen, die auch programmatisch fest verankert sind. Kein geringerer als der prominente Soziologe und Parteiintellektuelle Ralf Dahrendorf (1929–2009) hatte schon 1988 auf dem Kongress der Liberalen Internationale in Pisa das »Beharren auf direkter Bürgerbeteiligung, oftmals in Verbindung mit der Organisation sozialer Bewegungen (›Bürgerinitiativen‹)«[130] als für die persönliche Freiheit überaus wichtige Entwicklung gewürdigt und einen aktivierenden Staat gefor-

---

128 Giesa, Bürger, S. 81

129 Giesa, Christoph: Elite im Hamsterrad. Manifest für einen Neuanfang der kreativen Klasse. Hamburg 2010, S. 123 – Der FDP-Europapolitiker und saarländische Generalsekretär Jorgo Chatzimarkakis steuerte ein Geleitwort zu »Elite im Hamsterrad« bei. Das Vorwort zu »Bürger. Macht. Politik« wiederum stammt von Joachim Gauck.

130 Dahrendorf, Ralf: Die künftigen Aufgaben des Liberalismus – eine politische Agenda. Themenbericht, Kongress der Liberalen Internationale, Pisa, September 1988. Friedrich-Naumann-Stiftung für die Freiheit. 2. Aufl., Berlin 2012, S 24

dert, »der offen gegenüber den Eingaben von Bürgern und sozialen Bewegungen ist«.[131]

Die am 24. Mai 1997 vom Bundesparteitag beschlossenen »Wiesbadener Grundsätze« empfehlen dann, die »aus Furcht vor den Fehlentwicklungen der Weimarer Republik in unsere Demokratie eingebauten Sicherungen« gegen die direkte Mitentscheidung der Bürger zu lockern. »Der Bürger soll sich vor allem in seinem unmittelbaren Umfeld stärker an Entscheidungen beteiligen können. Dazu gehören die Direktwahl der Bürgermeister und Landräte in allen Bundesländern. Bürgerentscheid, Bürgerbegehren und Bürgerbefragung sind auf kommunaler und Länderebene auszubauen. Die FDP fordert die Volksinitiative auf Bundesebene, um dem Bürger mehr Einfluss auf die Behandlung von wichtigen Themen im Bundestag zu geben. Mehr Bürgerbeteiligung heißt für die FDP auch mehr Mitglieder- und Wählerbeteiligung in der Arbeit der politischen Parteien. Durch eine umfassende Erneuerung der Parteiorganisation und der Gremienstruktur, des Kommunikationssystems und des Dienstleistungsangebots wollen Liberale vorangehen, damit Politik in Deutschland endlich stärker zur Sache der Bürger werden kann.«

In ihrem Deutschlandprogramm von 2008 bekräftigte die Partei ihren Anspruch, »dass sie durch mehr Transparenz und mehr Beteiligungsmöglichkeiten die Bürger an der Gestaltung des Gemeinwesens mitwirken lassen möchte.«[132] Die aktuelle Beschlusslage schließlich wird in den am 22. April 2012 auf dem 63. Ordentlichen Bundesparteitag der FDP beschlossenen »Karlsruher Freiheitsthesen der FDP für eine offene Bürgergesellschaft« dokumentiert. Da Verwaltung und Staatshaushalt mit der »Zuständigkeit für alle gesellschaftlichen Problemlösungen« überfordert seien und der Staat an die Grenzen seiner Leistungsfähigkeit stoße, sollen die neuen »Möglichkeiten gesellschaftlicher und politischer Partizipation« als »Chancen der digitalen Gesellschaft für vernetzte politische Problemlösung« entfaltet, die in den Bundesländern bereits erprobten Verfahren der Bürgerbeteiligung »ausgebaut

---

131 Dahrendorf, Aufgaben, S. 25

132 Roleff, Daniel: Digitale Politik und Partizipation: Möglichkeiten und Grenzen« in: Aus Politik und Zeitgeschichte, 07/2012, S. 20

und verbessert« sowie Volksbegehren und Volksentscheide auch auf
Bundesebene eingeführt werden. Gebraucht werde »eine neue Arbeits-
teilung zwischen Staat, Markt, Zivilgesellschaft und Bürgern.«

Nach außen präsentiert sich die Parteizentrale in der Berliner Rein-
hardstraße daher demonstrativ als ein »Mitmachzentrum«. Nach innen
erprobte man Beteiligungsverfahren in der parteiinternen Debatte um
das neue Grundsatzprogramm, die von dem zum Leiter der Abteilung
Politische Planung, Programm und Analyse bestimmten Mediations-
experten und Kommunikationsstrategen Christopher Gohl organisiert wurde. Eine Bundesministerin aus den Reihen der FDP war es,
die den Mediationsverfahren eine feste rechtliche Grundlage gab (vgl.
Handelsblatt, 02.07.2012)[133] und selbst die Entwicklungspolitik wurde
auf den Modus der Bürgerbeteiligung umgestellt. Dirk Niebel (FDP)
richtete eine seinem Ressort zugeordnete Servicestelle für bürgerschaftliches Engagement ein. Um die Länder des »arabischen Frühlings«
beim Aufbau demokratischer und marktwirtschaftlicher Strukturen
zu unterstützen, würden »Transformationsteams« aus pensionierten
Beamten[134] nach Nordafrika und in die Nahen Osten geschickt, erläu-

---

133 Das von Sabine Leutheusser-Schnarrenberger (FDP)geleitete Bundesjustiz-
     ministerium hatte im August 2010 den Entwurf eines Gesetzes zur Förde-
     rung von Mediationsverfahren als Möglichkeit außergerichtlicher Konflikt-
     beilegung vorgelegt, das nach Anrufung des Vermittlungsausschusses im
     Juni 2012 schließlich vom Bundestag und Bundesrat angenommen wurde.

134 Was die Angelegenheit von vorneherein dubios erscheinen lässt, ist der Um-
     stand, dass ausgerechnet Niebels und Röslers Parteifreund, der frühere nie-
     dersächsische Wirtschaftsminister Walter Hirche (2003–2009), die Teams
     aus sogenannten Seniorexperten leiten soll. Hirche war Teil des Hannove-
     raner Filzes um den ehemaligen Ministerpräsidenten und später gescheiter-
     ten Bundespräsidenten Christian Wulff (CDU) und zuvor in verschiedenen
     Funktionen intensiv mit dem Abriss sozialistischer Volkswirtschaften be-
     fasst gewesen. Nach Recherchen des ARD-Magazins *Monitor* (Nr. 630 vom
     02.02.2012) sind während Hirches Amtszeit und unter seiner Verantwortung
     dem im Iran geborenen Finanz- und Bauunternehmer Ali Memari Fard 18
     Millionen Euro an Staatssubventionen zugeflossen. Das Magazin zitierte aus
     einem internen Schreiben der Oberfinanzdirektion Hannover, die die haus-
     haltsrechtlichen Bestimmungen zu Gunsten eines Einzelnen gebeugt sah.
     Die *Hannoversche Allgemeine* schrieb am 9. Februar 2012 von einem »Muster-
     beispiel für Filz zwischen Politik und Wirtschaft«.

terten Bundeswirtschaftsminister Philipp Rösler und Entwicklungsminister Dirk Niebel im Februar 2012 im Haus der Bundespressekonferenz eine ressortübergreifende Initiative.[135] Solange die neuen Regime noch instabil sind, wird versucht, in Wirtschaft und Politik der Länder so viel Einfluss zu gewinnen, wie nur irgend möglich ist. Niebel selbst will die »Zivilgesellschaft« fördern, »und zwar jetzt, während sich die politischen Kräfte in den Reformländern neu ordnen.«[136] Die ideologischen Vorgaben dafür sind vom Entwicklungsministerium klar formuliert: Die Privatisierung öffentlichen Eigentums und die Stärkung privater Wirtschaftsmacht sollen gefördert werden.[137] Darüber hinaus geht es zweifelsfrei auch um politische Einmischung.[138] Das Geld soll nämlich an solche politischen Stiftungen und kirchlichen Hilfswerke fließen, »die bereits gut mit reformorientierten Kräften vernetzt sind. Die Mittel werden zum Beispiel für die Beratung bei der Neugründung von unabhängigen politischen Parteien, die Beratung staatlicher Institutionen und die Stärkung politischer Teilhabe genutzt. Daneben sollen zivilgesellschaftliche Organisationen gestärkt und Journalistinnen und Journalisten aus- und fortgebildet werden.«[139]

---

135   Den Anfang macht Ägypten. Tunesien und andere arabische Staaten sollen folgen. Insgesamt hat das Auswärtige Amt für den Transformationsprozess von 2011 bis 2013 jeweils 50 Millionen Euro in Aussicht gestellt. Das Entwicklungsministerium hat drei Fonds eingerichtet mit knapp 66 Millionen Euro insgesamt.

136   www.dandc.eu/articles/195560/index.de.shtml

137   www.bmz.de/de/was_wir_machen/laender_regionen/naher_osten_nord-afrika/wirtschaftsentwicklung/index.html

138   Die Bekanntgabe der seit Frühjahr 2011 vorbereiteten Initiative zu diesem Zeitpunkt überraschte. Immerhin standen eine Reihe von Mitarbeitern der CDU-nahen Konrad-Adenauer-Stiftung und weiterer Nichtregierungsorganisationen in Kairo vor Gericht. Den insgesamt 43 Angeklagten wurde vorgeworfen, in Ägypten ohne Lizenz gearbeitet und bestimmte Parteien mit Geld unterstützt zu haben. Auf die Frage, wie sie ihre Initiative im Kontext dieses Vorganges sehen, wollten Niebel und Rösler auf ihrer Pressekonferenz nichts sagen. Sie betonten lediglich, dass sie sich nicht ungebeten in die inneren Angelegenheiten der arabischen Länder einmischen wollten.

139   www.bmz.de/de/was_wir_machen/laender_regionen/naher_osten_nord-afrika/aegypten/zusammenarbeit.html

Ob in Deutschland oder als Exportgut: Demokratie von unten
– als vermeintliche Selbstbestimmung der Bürger –, Steuerung von
oben und die Wahrung privatwirtschaftlicher Profitinteressen sind
im neoliberalen Verständnis von Bürgerbeteiligung scheinbar keine
Gegensätze mehr. Nach Ansicht des FDP-Strategen Christopher Gohl
sollen die Bürger aber nicht nur konsultiert, sondern darüber hinaus
auch zu eigenem Engagement aktiviert werden. In dieser Hinsicht
vorbildlich sei Barack Obamas erfolgreiche US-Präsidentschaftskam-
pagne von 2008 gewesen. Ihm sei damals eine direkte Ansprache und
Mobilisierung von Wählern als Bürger gelungen. Die von ihm ge-
nutzten partizipativen Verfahren seien Ausdruck einer Beteiligungs-
strategie gewesen, die auch auf seine Erfahrung als Community Organizer zurückgehe.[140]

---

140 »Er inszenierte seine Kampagne als eine Bürgerbewegung, die Politik in
      Washington in Stil und Inhalt zu verändern – und er gab Bürgern vielfäl-
      tige Verfahren an die Hand, die sie dezentral selbst durchführen konnten:
      Fundraising, Voter registration drives, gemeinsame Telefonkonferenzen
      oder Debatten-Parties, um nur einige zu nennen. Bürger wurden nicht be-
      teiligt, sie konnten sich selbst beteiligen. Sie wurden nicht zur Beratung
      der politischen Entscheider eingeladen und wieder in den Vorraum der
      Entscheider-Politik entlassen, sondern sie schalteten sich ein und erwarben
      ihren Anteil am politischen Erfolg.« (www.netzwerk-gemeinsinn.net/con-
      tent/view/506/142/)

7.
»Gesunder Abstand zu linken Ideen« – Community Organizing

Über 1.000 Menschen kamen, um am 25. Januar 2012 mit »WIN – Wir in Neukölln« die Gründung der nach Schöneweide und Moabit dritten Bürgerplattform in Berlin zu feiern. Die derzeit in Großstädten wie Berlin, Wuppertal, Nürnberg, Dortmund und Hamburg in Vorbereitung befindlichen oder bereits eingerichteten Bürgerplattformen sind ausdrücklich als Alternative zu den Parteien und Interessenverbänden konzipiert. Sie seien flexibler, vielseitiger, repräsentativer und vor allem: »weniger ideologisch«,[141] wie ihr wichtigster Propagandist und Organisator hierzulande, Leo Penta, gerne betont. Der US-amerikanischen Theologe war es auch, der das Konzept noch zu Zeiten der SPD/Grünen-Koalition im Bund aus den USA nach Deutschland importierte und im Juli 2006 an der Katholischen Hochschule für Sozialwesen Berlin das Deutsche Institut für Community Organizing (DICO) gründete, das seitdem als Kristallisationspunkt für die Entwicklung von Bürgerplattformen und als Schnittstelle zwischen Theorie und Praxis auf diesem Gebiet fungiert.[142]

---

141 Penta, Leo: »Die Macht der Solidarität«, in: Penta, Leo (Hg.): Community Organizing. Menschen verändern ihre Stadt. Hamburg 2007b, S. 105

142 In Pentas Berliner Institut werden professionelle Organizer ausgebildet und die Einrichtung von Bürgerplattformen in Berlin und anderen Städten wissenschaftlich begleitet.

Nicht alle in der Kommunalpolitik engagierten Aktivisten können dem allerdings etwas abgewinnen. So hält Joachim Oellerich mit seiner Kritik nicht hinter dem Berg. Der Redakteur des *Mieterecho*, der Mitgliederzeitschrift der Berliner Mietergemeinschaft e.V., meint, dass die von über 40 fast ausschließlich religiös ausgerichteten Organisationen wie katholischen, evangelischen und islamischen Gemeinden getragene Bürgerplattform in Neukölln weit über das Ziel hinausschieße, »wenn sie ein Vertretungsmonopol für alle Neuköllner/innen beanspruche«.[143] Die Bürgerplattform sei ein Akteur neben anderen, schreibt der mit den sozialen Verhältnissen vor Ort bestens vertraute Aktivist. Schließlich hätten sich auch Vereinigungen wie die Berliner Mietergemeinschaft, der Hausbesitzerverein Haus und Grund oder die verschiedenen Parteien die Verbesserung Neuköllns auf ihre Fahnen geschrieben. »Wie diese Verbesserung aussehen soll und vor allem, wem sie nutzt, machen die Unterschiede zwischen gesellschaftlichen Akteuren aus, zu denen nun auch die Plattform gehören möchte.«[144] Von einem so harmonisch komponierten wirtschaftlich-religiösen Komplex wie der Bürgerplattform in Neukölln erwartet er nicht, dass von ihr »Fragen der betrieblichen Mitbestimmung oder des Mindestlohns thematisiert werden, Problemen, denen die Beschäftigten und ihre Gewerkschaften in Neukölln besonders in den Callcentern ausgesetzt sind«.[145]

Hat der erfahrene Streiter für Mieterinteressen Recht mit seinen Vorbehalten? Ein Blick auf die Geschichte der Bürgerplattformen hilft, diese Frage zu beantworten. Sie gehen auf eine verwässerte Variante des von Saul Alinsky (1909–1972) in den USA entwickelten liberalen Community Organizings zurück, das sozial benachteiligte Menschen zwar für den gemeinsamen Kampf stark zu machen beabsichtigte, dabei aber schon damals auf eine grundsätzliche Infragestellung gesamtgesellschaftlicher Herrschaftsverhältnisse verzichtete. Im Kern geht es

---

143 Oellerich, Joachim: Die Verbesserung Neuköllns. Bürgerplattform Neukölln als religiös motivierte Interessenvertretung, in: Mieterecho, Nr. 353,
     März 2012, S. 14

144 Oellerich, Verbesserung, S. 14

145 Oellerich, Verbesserung, S. 14

um die Förderung der Selbstorganisation von städtischen Nachbarschaften. Der radikale Anteil in Alinskys Konzept geht auf Organizing-Erfahrungen zurück, die in der US-amerikanischen Arbeiterbewegung gemacht wurden. Pate stand die politische Praxis von Gewerkschaften wie der Knights of Labor (KOL) und der Industrial Workers of the World (IWW). Seit 1939 organisierte Alinsky den Protest in den Slums von Chicago mit so viel Erfolg, dass ihm ein sozial eingestellter Millionär den finanziellen Grundstock für eine eigene Stiftung, die Industrial Areas Foundation (IAF), zur Verfügung stellte. Auf dieser Grundlage vermochte es Alinsky, sein Konzept auf Großstädte in den gesamten USA auszudehnen. »Wir zeigten den Arbeitern in den Fleischverpackungsfabriken, wie sie eine Gewerkschaft organisieren und höhere Löhne und Unterstützungsleistungen bekommen könnten, und wir zeigten den örtlichen Händlern, wie ihr Gewinn steigen würde, wenn die Löhne im Stadtteil erhöht werden würden, und wir zeigten den ausgebeuteten Mietern, wie sie gegen ihre Vermieter kämpfen können. Ziemlich bald hatten wir im Stadtteil eine Koalition aus Arbeitern, örtlichen Geschäftsleuten, Arbeiterführern und Hausfrauen etabliert – unsere Machtbasis – und waren bereit zu kämpfen«,[146] erläutert Alinsky im Rückblick sein Konzept, dass die Überwindung des Kapitalismus nie beabsichtigte, aber immerhin eine kämpferische Parteinahme für die Interessen der Armen und der abhängig Beschäftigten noch ganz selbstverständlich beinhaltete.

Seine Strategie baute auf die Provokation eines Konfliktes, mit dem auf öffentliche Institutionen und Unternehmen der notwendige Druck ausgeübt wurde, um sie zu den erwünschten Zugeständnissen zu zwingen. Mit ihrer Hilfe gelang es beispielsweise, Chicagos große Kaufhäuser zur Zeit der schlimmsten Rassendiskriminierung, »dazu zu bewegen, Schwarzen Jobs zu geben.«[147] Alinsky schildert, wie das gelang: Sie beschlossen, jeden Samstag, am umsatzstärksten Einkaufstag der

---

146   Alinsky, Saul: Rebell trifft »Playboy«, Saul Alinsky im Gespräch mit Eric Norden, in: Penta, Leo: Vision braucht Fahrpläne, in: Penta, Leo (Hg.): Community Organizing. Menschen verändern ihre Stadt. Hamburg 2007, S. 27

147   Alinsky, Rebell, S. 32

Woche, »Busse zu mieten und ungefähr 3000 Schwarze von Woodlawn
zu diesem Kaufhaus im Zentrum zu bringen, alle in ihrem Sonntags-
staat. Nun, wenn man 3000 Schwarze in eine Etage eines Kaufhauses
hineinlässt, selbst in einem so großen Laden, ändert sich auf einmal
die Farbe des gesamten Kaufhauses: Jeder Weiße, der durch die Dreh-
türen kommt, wird auf einmal denken, er sei in Afrika. So würden sie
einige ihrer weißen Kunden schon direkt an der Tür verlieren. Aber
das war nur der Anfang. Für arme Leute ist Einkaufen eine zeitrauben-
de Angelegenheit, weil wirtschaftliche Dinge für sie von ungeheurer
Wichtigkeit sind und sie immerzu Preise und Qualität vergleichen und
bewerten. Das bedeutete, dass man an jedem Verkaufstresen Gruppen von Schwarzen haben würde, die die Waren genau beäugen und
den Verkäuferinnen endlose Fragen stellen würden. Selbstverständlich
würde niemand von unseren Leuten auch nur ein einziges Produkt
kaufen. Es gäbe Situationen, in denen eine Gruppe die Hemdenabtei-
lung lahmlegen und dann die Unterwäscheabteilung erobern würde,
während die Gruppe, die vorher die Unterwäsche belagerte, dann den
Hemdentresen übernähme. Jeder wäre natürlich sehr freundlich und
höflich; wer würde denn schließlich behaupten, dass sie keine echten
potenziellen Kunden wären? So würde man bis eine Stunde vor La-
denschluss vorgehen, dann würden unsere Leute anfangen, alles in
Sichtweite zu kaufen und es per Nachnahme anliefern zu lassen. Das
würde den Lieferservice mindestens zwei Tage lang lahmlegen, mit
zusätzlichen hohen Kosten und administrativen Problemen, weil alle
Käufe bei Anlieferung wieder zurückgehen würden. Als der Plan beschlossen war, ließen wir ihn zu einem der Lockvögel durchsickern,
die jede radikale Bürgerplattform als direkten Draht für die Übertragung von sorgfältig ausgewählten Informationen zum Gegner braucht,
und das Ergebnis kam umgehend. Am Tag, nachdem wir die Anzah-
lung für die Busmiete geleistet hatten, rief uns die Geschäftsleitung des
Kaufhauses an und gab all unseren Forderungen nach: über Nacht
öffneten sie fast 200 Jobs für Schwarze, sowohl im Verkauf als auch auf
Verwaltungsebene, und die anderen Läden folgten schnell«.[148]

---

148   Alinsky, Rebell, S. 32

War das anvisierte Ziel erreicht, wurde die erkämpfte Verhand-
lungsmacht jedoch nicht dazu genutzt, um gegen die grundlegenden
Herrschaftsstrukturen der US-Gesellschaft vorzugehen. Aus diesem
Grund lässt sich die von Alinky begründete Form eines liberalen
Community Organizings zur Integration potenziell systemgefährden-
der Kräfte missbrauchen. In noch größerem Maße trifft das auf einige
Nachfolger Alinskys und schließlich auf seine heutigen Nachahmer in
Deutschland zu. Denn der kämpferische Impetus, der Alinskys Ansatz
ursprünglich auszeichnete, verblasste schon bei seinen Nachahmern
in den USA merklich. Als Alinsky 1972 starb, nahm sein langjähriger
Mitarbeiter und Nachfolger als Executive Director der IAF, Edward
T. Chambers (geb. 1930), explizit Abstand von »linken Ideologen«,[149]
orientierte stattdessen auf die Zusammenarbeit mit einkommensstar-
ken Bürgern und baute so ein Netzwerk von Bürgerplattformen und
Sponsoren-Komitees auf, das über 60 Bürgerorganisationen umfasste.
Diese gezähmte, betont »unideologische« Variante des Community
Organizing war es, aus der ein Sozialarbeiter und späterer Politiker der
US-Demokraten lernte, wie man die selbstorganisierte Mobilisierung
von Menschen für einen Präsidentschaftswahlkampf nutzt. »Eine wichtige Methode des Community Organizing sieht vor, persönliche Geschichten auszutauschen und dabei gemeinsame Motive und gemeinsame Probleme zu identifizieren – ein methodischer Baustein, den der
amerikanische Präsident Barack Obama auch ins Zentrum der Mobilisierung seiner Anhänger im Wahlkampf 2008 stellte. Diesem verdank-
te er emotional anrührende Narrative seiner Kampagne, mit denen er
seine Vorstellung gemeinsamer Geschichten und menschlicher Nähe
über Rassengrenzen hinweg eindrucksvoll demonstrierte«.[150]

Die Variante des Community Organizing, die Leo Penta nun seit
einigen Jahren auch in Deutschland zu etablieren versucht, ist ganz
dem unseligen Geist des Neoliberalismus verpflichtet. Die vermeintliche Ideologieferne ist vor allem eine Abgrenzung gegenüber Bestre-

149 Chambers, Ed: Roots for Radicals, in: Penta, Leo (Hg.): Community Orga-
     nizing. Menschen verändern ihre Stadt. Hamburg 2007, S. 79

150 Gohl, Dialoge, S. 100

bungen, die eine grundsätzliche Veränderung der Macht- und Eigentumsverhältnisse im Sinn haben. Während man auf der einen Seite vor allem mit religiösen Gemeinden zusammenarbeitet und die Unterstützung des Versicherungs- und Finanzkonzerns Generali[151] gerne entgegennimmt, hält man »einen gesunden Abstand zu dem, was als linke Vorstellung, Philosophie oder Ideologie« kursiere, betonte der DICO-Angestellte Gunther Jancke zuletzt ausgerechnet auf einer Tagung der linken Rosa-Luxemburg-Stiftung zum Thema »Revolutionäre Realpolitik«. Statt sich mit dem sozioökonomischen Ursachen der Armut zu befassen, beklagt sein Institutschef Penta die »kontraproduktiven Nebenfolgen einer administrativen Daseinsvorsorge«, als da wären: »Obrigkeitsdenken, vorauseilender Gehorsam, Unselbstständigkeit, Initiativlosigkeit und Beliebigkeit auf der einen Seite, Frustration, Resignation, das Gefühl der Entmündigung, gar Gewalt auf der anderen.«[152] Hatte Alinsky für seine Arbeit die Perspektive der abhängig Beschäftigten, der Arbeiter und Erwerbslosen eingenommen, bringt Penta die typische Sichtweise eines Mittelschichtsangehörigen zum Ausdruck, der in einer durch zu viel Staat provozierten »Flucht der Reichen ins Ausland« und eine »zunehmende rechtsgerichtete Gewalttätigkeit der Ärmeren und Perspektivlosen«[153] die derzeitigen Hauptgefahren für den gesellschaftlichen Zusammenhalt erkennen zu können glaubt. Wenig überraschend entpuppt er sich als entschiedener Anhänger des Konzepts einer Bürgergesellschaft, deren Akteure »als anerkanntes Gegenüber von Staat und Markt öffentlich [...] mitwirken« sollen, damit die »auf drei Säulen ruhende Gesellschaft«[154]

---

151   Unter dem Dach der Generali Deutschland Holding, die den Konzern steuert, arbeiten Versicherungs- und Finanzunternehmen wie AachenMünchener, Generali Versicherungen, CosmosDirekt, Central Krankenversicherung, Advocard Rechtsschutzversicherung, Deutsche Bausparkasse Badenia, Dialog und Generali Investments sowie der Quandt-Stiftung (BMW) und der Körberstiftung (Körber AG).

152   Penta, Macht, S. 100

153   Penta, Macht, S. 100

154   Penta, Leo / Sander, Susanne: Community Organizing und Bürgergesellschaft, in: Forschungsjournal NSB, Jg. 20, 2/2007, S. 161 f.

gedeihen kann. Damit dies gelingen könne, müssten die Menschen in »einer immer mehr individualisierten und anonymisierten Gesellschaft« aber erst dazu befähigt werden, stabile, vertrauensvolle Bindungen einzugehen und miteinander zu kooperieren. Den Aufbau von Bürgerplattformen verstehen die Protagonisten des Community Organizing daher als eine mit Hilfe von Stiftungen, wirtschaftlichen Akteuren, Verbänden, Kirchen und staatlichen Behörden ins Werk gesetzte Investition »in die Entwicklung von tragfähigen Partnerschaften zwischen Zivilgesellschaft, Staat und Wirtschaft«.[155] Sie flankieren damit den fortgesetzten Abbau öffentlicher Leistungen und Garantien im Rahmen eines »aktivierenden Sozialstaates«. »Unter dem Stichwort der neuen Verantwortungsteilung zwischen Staat und Gesellschaft sollen Bürger zunehmend Aufgaben übernehmen, die zuvor durch staatliche Institutionen geregelt wurden. Auch im Community Organizing sollen Menschen Verantwortung für ihr Gemeinwesen übernehmen, dies aber als Mitgestalter und Partner.«[156]

Um die Transformation der Bundesrepublik in eine »Bürgergesellschaft« ist es jenen Stimmen aus dem politischen Establishment zu tun, die sich für die Verbreitung des vermeintlich »unideologischen« Beteiligungskonzepts Community Organizing in der Bundesrepublik stark machen. Voll des Lobes war beispielsweise Michel Bürscher, der Leiter der Enquete-Kommission Ehrenamt des Deutschen Bundestags auf einer von der Friedrich-Ebert-Stiftung veranstalteten Konferenz im Jahr 2002. Community Organizing sei eine Möglichkeit, »Bürgergesellschaft wirklich so ernst zu nehmen, dass die Bürger sich selbst ihre Aufgaben suchen und sie nicht von der Politik oder Verwaltung vorgelegt bekommen: Bitte, hier könnt ihr mitbestimmen, wohin die Straße geht, oder ob der Baum da wegkommt. Sondern sie sagen selbst, da ist eine Aufgabe, die wir sehen. Wir sagen, was wir machen wollen. Wir sagen, wie wir es machen wollen und mit wem. Und wir

---

155 Penta / Sander, Community Organizing, S. 163

156 Schraml, Christiane: Community Organizing und die politische Philosophie Hannah Arendts, in: Penta, Leo (Hg.): Community Organizing. Menschen verändern ihre Stadt. Hamburg 2007, S. 117

sagen auch, wie wir uns eine Beteiligung, eine Ermöglichung durch den Staat vorstellen.«[157] Auch dem FDP-Strategen Christopher Gohl passt das Community Organizing ganz hervorragend ins Konzept einer Bürgergesellschaft, die staatliche Aufgaben allmählich durch »den Aufbau dezentraler Beteiligungs- und Selbstermächtigungskompetenzen und -kapazitäten«[158] ersetzt sehen will. Gunther Jancke sagt: »Im Gegensatz zur klassischen Bürgerinitiative wollen wir uns nicht nach drei Jahren auflösen, sobald ein Einzelproblem gelöst ist« (*taz*, 21.02.2012). Stattdessen geht es dem Deutschen Institut für Community Organizing um die dauerhafte Etablierung eines stetig »wachsenden Geflechts von unabhängigen Bürgerplattformen«.[159]

Doch was Leo Penta als »Demokratisierung der Demokratie«[160] beschreibt, ist im Grunde ein Paternalismus zweiter Stufe: Zwar geben Staat und Wirtschaft nun nicht mehr vor, woran sich die Bürger konkret zu beteiligen haben. Doch hat die Bevormundung deswegen nicht aufgehört. Sie erstreckt sich nun auf die Herstellung der Bedingung der Möglichkeit eines bürgerschaftlichen Engagements. Bürgerplattformen sind dafür der Rahmen. Soziologen wie Ulrich Beck und Anthony Giddens würden das wohl als Ausdruck einer reflexiv gewordenen Moderne begrüßen. Doch der vermeintlich partizipative Fortschritt hat eine Schattenseite. Anstatt den fortschrittlichen Anliegen all jener ein Forum zu bieten, denen eine grundsätzliche Kritik an den herrschenden Verhältnissen ein Anliegen ist, organisieren die heutigen Protagonisten des Community Organizing die Zivilgesellschaft auf eine Weise, die das etablierte System der Macht nicht in Frage stellt. Sie nutzen dabei eine Lücke, die ihnen die geschwächten linken Bewegungen gelassen habe. Ihre auf die Stabilisierung der liberalen Bürgergesellschaft gerichtete Zielsetzung ist es, die sie in der

---

157   Bürsch, Michael: Zivilgesellschaft, Parteien, Demokratie, in: Friedrich-Ebert-Stiftung (Hg.): Die Bürgergesellschaft in der Diskussion. Bonn 2002, S. 43

158   Gohl, Dialoge, S. 107

159   Penta, Leo: Vision braucht Fahrpläne, in: Penta, Leo (Hg.): Community Organizing. Menschen verändern ihre Stadt. Hamburg 2007a, S. 14

160   Penta, Macht, S. 103

lokalen Wirtschaft und in den großen Konzernstiftungen Unterstützer finden lässt. Sie ist auch der Grund, warum man sich so eindeutig gegen linke Bestrebungen abgrenzt, wie man es tut.

Verzicht auf direkte Konfrontation: Bürgerplattformen in Berlin

Ein Gespräch mit Robert Maruschke

Der Sozialwissenschaftler Robert Maruschke hat im Jahr 2010 Erfahrungen als linker Organizer in den USA gesammelt und dabei einen sehr kritischen Blick auf Alinskys Ansatz des Community Organizing gewonnen.[161] Im Gespräch[162] erläutert er, auf welche Weise mit Bürgerplattformen heute neoliberale Stadtpolitik gemacht wird.

Derzeit ist Community Organizing ein heiß diskutiertes Thema, wenn es um eine fortschrittliche Stadtpolitik von unten geht. Die Rosa-Luxemburg-Stiftung hat 2011 eine große Konferenz dazu veranstaltet und auch die Heinrich-Böll-Stiftung bietet entsprechende Seminare an. Sie haben in den USA selbst Erfahrungen mit dem Organizing gemacht und sich als Sozialwissenschaftler kritisch damit beschäftigt. Womit haben wir es zu tun?

Robert Maruschke: Ich war 2010 ein halbes Jahr in Oakland und in San Francisco und habe dort bei einer Organisation gearbeitet, die sich gegen die Abschiebung von Menschen wehrt, sich gegen Rassismus stellt und sich mit dem Thema Mietsteigerung und Räumungen auseinandersetzt. Community Organizing ist ein Sammelbegriff für sehr verschiedene Organisationsformen, die sich alle auf die Nachbarschaft beziehen. In den USA, wo der Begriff auch geprägt wurde, hat das eine sehr lange Geschichte, die bis in die 1920er Jahre

---

161   Das Thema seiner Diplomarbeit ist: Community Organizing in Berlin – Die Bürgerplattform Wedding/Moabit. Vgl. Maruschke, Robert: Community Organizing – Zwischen Bürgerplattformen und revolutionärer Perspektive, in: Holm, Andrej (Hg.): Reclaim Berlin. Soziale Kämpfe in der neoliberalen Stadt. Berlin/Hamburg 2013

162   Zuerst publiziert in: junge Welt, 10.11.2012

zurückreicht. Die beiden heute praktizierten Richtungen würde ich als liberales Community Organizing nach Saul Alinsky und als transformatives Community Organizing einander gegenüberstellen. Bei den Leuten, mit denen ich in den USA zusammengearbeitet habe, hat man schon die Halsschlagader puckern sehen, wenn man den Namen Alinsky nur erwähnt hat. Mir wurde dort sehr schnell klar gemacht, dass sein Ansatz schlecht für die Bewegung und daher für sie keine Option ist. Es ist bezeichnend für die Bandbreite, dass es das Community Organizing sowohl in den Zukunftsdialog der Bundeskanzlerin Angela Merkel als auch in eine Tagung der Rosa-Luxemburg-Stiftung schafft, die mit »Revolutionäre Realpolitik« überschrieben ist.

Ein gewisser Saul Alinsky wird immer wieder als Gründervater des Community Organizing genannt.

Robert Maruschke: Das sehe ich anders. Eine Kritik, die ich an der auch von links geführten Debatte um das Community Organizing in der Bundesrepublik habe, ist die, dass Alinsky immer wieder als Gründervater dieses Ansatzes abgefeiert wird, was er in Wirklichkeit überhaupt nicht ist. Alinsky war ein Wissenschaftler, der für die eher kommunistisch orientierte US-Gewerkschaft Congress of Industrial Organizations (CIO) als Organizer gearbeitet hat und die Methoden dort gelernt hat. Aber sowohl die verschiedenen Gewerkschaften der Arbeiterbewegung als auch die kommunistische Partei hatten in den 20er, 30er und 40er Jahren bereits sehr starke Organizing-Programme. Sie alle hatten Techniken und Strategien entwickelt, wie Menschen politisch mobilisiert werden können. Alinsky traf zu Beginn seiner Arbeit auf Leute, die bereits über 10 oder 20 Jahre Erfahrung mit Community Organizing hatten. Er lernte dort einiges, trat aber selbst nie in die Gewerkschaft oder in die Partei ein. Seit Mitte der 40er Jahre übertrug er dann das gewerkschaftliche Konzept auf seine eigene Nachbarschaftsarbeit, mit der er sehr erfolgreich Verbesserungen für die ärmere Bevölkerung durchsetzte. Was heute aber zu wenig beachtet wird, wenn sich Leute positiv auf Alinsky beziehen, ist der Sachverhalt, dass die von ihm gegründete Organisation »Back of the yards« sehr schnell relativ konservative Forderungen gestellt hat.

Was meinen Sie damit?

Robert Maruschke: Das Problem ist, das Alinsky nur Repräsentanten
schon bestehender Vereinigungen, also von Kirchen, Vereinen, in den
USA auch von Gewerkschaftsgruppen organisierte. Oft handelte es
sich um Leute aus der Mittelschicht, die in den Nachbarschaften schon
zu den Bessergestellten gehörten. Aus diesem Grund traten in Alinskys
Gruppen bald die Interessen der Mittelschicht in den Vordergrund.

*Alinsky hatte doch engen Kontakt zur kommunistischen Bewegung, hat er sich
von ihr ideologisch abgesetzt?*

Robert Maruschke: Er war nie ein überzeugter Gewerkschafter oder
Kommunist. Er war von vornherein ein Liberaler. Das ist das Problem. Schon damals hat Alinsky über die Entwicklungstendenz der
von ihm aufgebauten Gruppen gesagt: Entweder es gibt sie nach fünf
Jahren nicht mehr oder sie sind zum Teil der lokalen Verwaltung geworden. Letzteres hat er befürwortet. Alinsky sagte auch, dass er für
den bürgerlichen Staat sei. Nicht einmal theoretisch wollte er den Kapitalismus in den 60er und 70er Jahren noch kritisieren. Sein Ziel war
es, den armen Leuten ein bürgerliches Leben zu verschaffen. Dafür
setzte er auf die Hilfe der Mittelschicht. Nur sie sah er als den Motor
für die von ihm gewünschten Veränderungen an.

*Gleichwohl klingt vieles, was er schreibt, deutlich radikaler als das, was man
hierzulande von Leo Penta und anderen Fürsprechern des Community Organizing hört.*

Robert Maruschke: Trotz seiner ideologischen Einbettung in das liberale und konservative Lager war er ein Anhänger von direkten Aktionen und Konfrontationen. Er kommt aus der Tradition des Social
Action Organizing, die darauf angelegt ist, die Entscheidungsträger in
der Stadt und im Kiez durch direkte Aktionen mit ihren Machenschaften zu konfrontieren, um sie auf diese Weise an den Verhandlungstisch zu bringen und zu Zugeständnissen zu bewegen.

Wie ist so etwas abgelaufen?

Robert Maruschke: Alinsky hat zum Beispiel erwerbslose »People of Color« aus den ärmeren Vierteln von Chicago immer wieder in die Luxusviertel der Stadt gebracht, um dort zu protestieren. Zum Beispiel ermutigte er diejenigen, die aufgrund rassistischer Vorurteile keinen Job bekamen, dazu, sich immer wieder vor die Tore der Villen von bestimmten Unternehmern zu setzen und erreichte damit ein Einlenken der Entscheidungsträger.

Das sind Methoden, die man auch aus der US-Bürgerrechtsbewegung kennt.
Robert Maruschke: Auch die Bürgerrechtsbewegung steht in der Tradition des Social Action Organizing. Im Unterschied zu dieser hat Alinsky jedoch depolitisiert. Typisch für die nach seiner Vorstellung geformten Gruppen ist ja, dass sie sehr stark an einzelnen Themen orientiert sind, keine tiefer gehenden Gesellschaftsanalysen anstellen, keine weiterreichenden Forderungen stellen und sich ausdrücklich nicht als Teil einer sozialen Bewegung verstehen. Alinsky hat sich immer auf einen Konflikt konzentriert, den er dann als isoliert von gesellschaftlichen Entwicklungen betrachtet hat.

Ich verstehe das so: Eine von Alinsky geformte Gruppe hätte nicht gefordert, dass die Rassenschranken in den USA fallen, sondern hätte ein Sit-in vor einer bestimmten Schule gemacht, um zu erreichen, dass nur in diesem konkreten Fall die Rassenschranken aufgehoben werden.
Robert Maruschke: So wäre an dieser Schule das dort identifizierte Problem behoben worden. Das ist die Methode von Alinsky.

Wie unterscheidet sich das in Deutschland praktizierte Community Organizing von dem, was Alinsky in den USA gemacht hat?
Robert Maruschke: Zur Beantwortung dieser Frage muss ich ein bisschen ausholen. Die in Berlin auf der Grundlage von Alinskys Konzept eingerichteten Bürgerplattformen sind Beteiligungsformen, die zu 75 % von Unternehmen und unternehmensnahen Stiftungen wie der BMW Stiftung finanziert werden. Die finden das gut, weil die herrschenden Verhältnisse durch so ein privat finanziertes Mitmachgremium nicht in Frage gestellt werden und die Bürgerplattformen für die Aufwertung von Stadtbezirken instrumentalisiert werden können.

Das schadet wiederum einkommensschwachen Leuten, weil durch die Aufwertung die Mieten steigen. In Berlin gibt es drei Bürgerplattformen. Den Anfang machte 2000 der Bezirk Schöneweide, 2008 kam Wedding/Moabit dazu und vor kurzem wurde die Bürgerplattform Neukölln gegründet. Initiiert und wissenschaftlich begleitet werden sie vom Deutschen Institut für Community Organizing (DICO), das von Leo Penta geleitet wird, einem Pastor aus New York.

In der Praxis ist wohl der wichtigste Unterschied zu den USA, dass die Bürgerplattformen in Berlin von vorneherein auf die Methode der direkten Konfrontation verzichten. Da wird die entsprechende Person beim Job-Center angerufen, um ein Treffen zu vereinbaren und durch Gespräche zu erreichen, dass die Telefonhotline kostenfrei gestellt wird. Es wird verhandelt, ohne vorher Druck ausgeübt zu haben.

Die Bürgerplattformen haben somit den Schritt vom Community Organizing zum Community Development gemacht. Sie verstehen sich als Partner einer Stadtentwicklung, die Nachbarschaften entwickeln, ohne Sand im Getriebe sein zu wollen. Das DICO stellt ein oder zwei Community Organizer bereit, die versuchen, Vereine, Kirchengruppen, Moscheen usw. in den Bezirken an einen Tisch zu bringen, um dann gemeinsame Probleme festzustellen und sich politisch damit auseinanderzusetzen. Beispielsweise beschäftigt sich die Bürgerplattform Wedding/Moabit mit den drei Themen Bildung, Job-Center und öffentlicher Raum. Alle sechs Wochen treffen sich ein oder zwei Vertreter oder Vertreterinnen aus den 33 Mitgliedsgruppen und besprechen sich in Arbeitsgruppen. Einmal im Jahr versammeln sich dann ca. 400 Leute im Rahmen einer religiös anmutenden Veranstaltung.

Was kommt Ihnen dabei religiös vor?
Robert Maruschke: Der Ablauf ist sehr klar vorstrukturiert und wirkt, als ob er ein Erweckungserlebnis provozieren soll. Alle Gruppen stellen sich auf dem Podium vor. Dann gibt es Applaus und es herrscht die ganze Zeit über eine sehr euphorische Stimmung. Dann werden Entscheidungsträger aus Politik und Unternehmen dazu bewogen, zu erklären und zu unterzeichnen, dass sie sich an die mit der Bürgerplattform verabredeten Abmachungen halten wollen.

Gibt es Organisationen, die in den Bürgerplattformen unterrepräsentiert sind?
Robert Maruschke: Es gibt zum Beispiel keine Gruppe, die sich für die
Belange oder die Forderungen von Frauen einsetzt. Es gibt auch keine
explizit gewerkschaftlich orientierten Gruppen. Darüber hinaus fehlt
der Aspekt einer konkreten und grundsätzlichen Gesellschaftskritik.
Ohne Frage gibt es auch links eingestellte Leute, die sich innerhalb
der Bürgerplattformen in kulturellen Vereinen oder in der Obdach-
losenhilfe engagieren, aber nicht innerhalb von ausdrücklich linken
Gruppen. Das liegt sicher zum einen daran, dass linke Gruppen nicht
teilnehmen, weil sie ihre Forderungen in einer Bürgerplattform nicht
durchsetzen können. Zum anderen laden die Bürgerplattformen auch
nur Gruppen ein, die in ihr Bild passen.

Wie geht so etwas vor sich?
Robert Maruschke: Die festangestellten, vom DICO bezahlten Organizerinnen sind zuerst an Leute herangetreten, die im Quartiersmanagement arbeiten, die einer größeren Kirche oder Zusammenschlüs-
sen von Gewerbetreibenden vorstehen. Die haben ihnen gesagt,
welche Personen und Gruppen wichtig sind im Kiez. Das erklärt
schon ein bisschen die Auswahl: Sie hätten stattdessen ja auch zum
Erwerbslosenfrühstück kommen können. Was die Themenauswahl
betrifft, ist es dann so, dass die Organizerin schon von vorneherein
sagt, dass bestimmte Sachen nicht diskutiert werden. Wenn es zum
Beispiel um das Thema Job-Center geht, dann wird eben nicht über
die Höhe des Regelsatzes diskutiert, sondern über Ärger mit der Telefonhotline oder den »Betreuungsschlüssel«.

Ist irgendwo festgeschrieben, was thematisiert werden soll und was nicht?
Robert Maruschke: Das entspricht dem Selbstverständnis von Penta.
Sein Konzept von Community Organizing beruht auf der Vorstellung
einer Gesellschaft, in der es keine Klassenkämpfe und keine grund-
legenden Konflikte um Rassismus und Genderfragen gibt. Es will den
Status Quo in Sachen Sozial- und Stadtpolitik nicht anfassen, sondern
in diesem bereits festgelegten Rahmen einer auf Profitmaximierung,
Ausschluss und Verdrängung angelegten Politik Verhandlungslösun-

gen für genau definierte Probleme des eigenen Klientels erreichen. Vor diesem Hintergrund lenkt die Organizerin, die diesen Ansatz vertritt, die Diskussionen in den Bürgerplattformen so, dass radikale Forderungen darin keinen Platz finden.

Sie gehen so weit, die Bürgerplattformen mit einem Wort des marxistischen Geographen David Harvey als »trojanisches Pferd neoliberaler Stadtpolitik« zu bezeichnen. Warum?
Robert Maruschke: Das tue ich deshalb, weil ihre Aktivitäten nicht auf den ersten Blick nach neoliberaler Stadtpolitik aussehen. Die von mir interviewten Personen, die zum Teil einen guten Blick dafür haben, was in der Gesellschaft falsch läuft und die wirklich etwas verändern wollen, sind davon fasziniert, dass sie mit Leuten, mit denen sie vorher nichts zu tun hatten, plötzlich an einem Tisch sitzen und Politik machen. Wenn man sie lassen würde, würden sie vielleicht tatsächlich etwas verändern, aber das wird von der Bürgerplattform, den Organizerinnen und dem DICO nicht zugelassen.

Wenn man erreicht, dass eine Telefonhotline für die Benutzer kostenfrei wird, dann mag das vergleichsweise läppisch sein. Aber was ist daran neoliberal?
Robert Maruschke: Alles politische Handeln, was die Bürgerplattformen an den Tag legen, ist darauf ausgerichtet, die Grundsätze von neoliberaler Stadt- und Bildungspolitik nicht infrage zu stellen. Wenn sich die Bürgerplattform mit ihren ganzen Mitgliedern mit dem Job-Center auseinandersetzt, geht es nicht darum, dass die Leute dort stark unter Druck gesetzt werden oder unterhalb der Armutsgrenze leben müssen. Stattdessen werden Dinge aufgegriffen, die, wie die Telefonhotline, zwar nicht unwichtig sind, aber depolitisieren. Ich würde viel Geld darauf verwetten, dass, wenn man zehn Leute aus dem Wedding, die Hartz-IV beziehen, zusammenbrächte, eine viel grundsätzlichere Kritik an den herrschenden Verhältnissen dabei herauskäme als in der Bürgerplattform. Die verhindert geradezu, dass so etwas geschieht. Ihre Botschaft ist: Im Grunde ist alles nicht so schlimm, denn man kann mit dem Leuten vom Job-Center reden. Ähnlich ist es mit der Bildung. Da werden ein paar externe Leute hereingeholt, die

Nachhilfe geben und wenn es dann in der Schule immer noch nicht klappt, dann sind die betreffenden Schüler eben selbst schuld.

Die repressive und ausschließende Seite wird insbesondere beim Thema öffentlicher Raum deutlich. Da wird ein Stadtentwicklungsprogramm unterstützt, das nur auf wirtschaftliche Aufwertung setzt. Man schraubt da noch ein bisschen dran rum, damit alle mal sagen konnten, was sie daran stört, und identifiziert eine Gruppe von Menschen, die man ausschließen kann. Das waren im Wedding die Trinker vom Leopoldplatz, die man von ihrem angestammten Platz verdrängte und auf diese Weise vom öffentlichen Leben ausschloss. Das alles wird durch die Arbeit der Bürgerplattform legitimiert. Man gibt den Leuten das Gefühl, sie hätten mitentscheiden dürfen. Tatsächlich konnten sie gar nichts entscheiden. Beim Leopoldplatz war schon 2008, als das entsprechende Förderprogramm von Bund und Ländern genehmigt wurde, klar, dass es darum ging, den Platz ökonomisch aufzuwerten und dass sich fünf Jahre später niemand mehr die Miete würde leisten können.

Sie benutzen auch den Ausdruck »Regieren durch Community« für das, was in den Bürgerplattformen gemacht wird.
Robert Maruschke: Der Ausdruck, den ich von dem englischen Soziologen Nikolas Rose übernommen habe, beschreibt sehr schön, wie im Zuge von neoliberalen Politikentwürfen, die von allen größeren Parteien, von der CDU bis zur Linkspartei, immer wieder hervorgebracht werden, darauf gesetzt wird, dass die Leute auf lokaler Ebene in Regierungsprogramme eingebunden werden, die auf Profit ausgerichtet sind. Die Berliner Stadtpolitik ist dafür ein gutes Beispiel. Die Stadt wird als ein Unternehmen betrachtet, in das ihre Bewohner auf verschiedene Weise eingebunden werden: das reicht vom Quartiersbeirat und Stadtteilvertretungen über diverse runde Tische und Bürgerhaushalte bis hin zu Bürgerplattformen. Immer sollen die Leute in eine bereits feststehende Politik eingebunden werden. Es ist ja völlig klar, dass in Berlin vom Senat seit Jahren eine Politik gemacht wird, die sich gegen einkommensschwache Menschen richtet. Genau diese Politik aber können die Leute in lokalen Beteiligungsformen, in den

sogenannten Mitmachgremien, gerade nicht in Frage stellen. Sie können allenfalls zu ihrer Feinjustierung beitragen. Zum Beispiel beim
Bürgerhaushalt. Feststeht, dass gekürzt werden muss. Die Leute dürfen dann entscheiden, wo gekürzt wird. So läuft das Spiel.

*Wie unterscheidet sich das transformative Organizing von diesem Mitmach-
schwindel?*

Robert Maruschke: Der Begriff stammt von dem US-Amerikaner Eric
Mann, andere Organizer sprechen von »Revolutionary Left Community Organizing«. Diese Gruppen beziehen sich jeweils auf ihre eigene
politische Tradition: antirassistische, feministische und antikapitalisti-
sche Kämpfe, die in den USA Jahrhunderte zurückreichen. Diesen
Leuten ist klar, dass man mit dem ideologischen Konzept von Alinsky
keinen Blumentopf gewinnt. Es gibt aber keine einheitliche Theorie
oder zusammenfassende Texte hierzu. Meines Erachtens umfasst das
transformative Organizing jedoch vier Punkte: ein emanzipatorisches
oder revolutionäres Selbstverständnis. Sie gehen Probleme, zum Beispiel mit Zwangsräumungen, konfrontativ an. Sie arbeiten nicht mit
Repräsentanten von bereits bestehenden Organisationen, sondern
mit den Leuten von der Basis zusammen und sie begreifen sich als
Teil von sozialen Bewegungen.

8.
Mitbestimmung
unter dem Spardiktat

Bürgerhaushalte als Demokratieersatz

Mit ihrer Dialogorientierung erweisen sich die oben geschilderten Bürgerplattformen als ein typisches Beispiel für den von staatlicher Seite, Unternehmensstiftungen, Konzernen und Politikern forcierten Umbau der Parteiendemokratie in eine Mitmachrepublik. Eine weitere Spielart der Bürgerbeteiligung, für die sich Politiker aller Parteien einschließlich der Linken begeistern können, ist der »Bürgerhaushalt«, wobei sich die konkrete Ausgestaltung dieser kommunalen Mitmachoption je nach Standort deutlich unterscheiden kann. Aber immer geht es bei dem von der Bundeszentrale für politische Bildung (bpb) angeschobenen Partizipationsansatz um die in einem eigenständigen Diskussionsprozess stattfindende dauerhafte Regelung der finanziellen Angelegenheiten einer Stadt oder eines Bezirks mit eigenen administrativen Kompetenzen. Meist ist es so, dass »man sich von einer Mitarbeit des Bürgers eine Entlastung der öffentlichen Haushalte erhofft.«[163] Sein Wissen wird genutzt, »um Hinweise zur Verbesserung von öffentlichen Einrichtungen und Dienstleistungen zu erhalten.«[164] Typischerweise lässt man Menschen über Ausgaben mitbestimmen, »um die dauern-

---

163 Herzberg, Carsten: Von der Bürger- zur Solidarkommune. Lokale Demokratie in Zeiten der Globalisierung. Hamburg 2009, S. 54

164 Herzberg, Bürger, S. 120

den Kürzungen in öffentlichen Haushalten zu legitimieren«, wie Martin Kaul kommentierte (*taz*, 07.02.2012) Durch ihre Teilhabe sollen die Bürger ein Verständnis für angebliche oder tatsächliche Sparzwänge entwickeln. Die Mitwirkung der sozial und politisch engagierten Teile der Bevölkerung kann somit auch als eine Art Vorbeugung gegen ansonsten zu erwartende Bürgerproteste gesehen werden. Berücksichtigt man zudem, wie gering der Anteil der Gelder zumeist ist, über deren Verwendung die Bürger mitreden dürfen und wie nebensächlich häufig die Fragen sind, mit denen sie sich beschäftigen dürfen[165], erweist sich der vielfach als partizipatorische Innovation gefeierte Bürgerhaushalt als eine weitere Variante der allerorten stattfindenden Mitbestimmungssimulation. Die Bürgerbeteiligung am Haushalt in Deutschland zielt vor allem darauf, »die Beziehung zwischen Bürger und Verwaltung/Politik zu verbessern, ohne die großen Themen der Finanzpolitik in Frage zu stellen.«[166] Dass die Idee auch und gerade im linken Teil des politischen Spektrums viel positive Resonanz erhält und in den kommunalpolitischen Papieren der Grünen und der Linken als eine Variante der direkten Demokratie breit diskutiert und von manchen als »revolutionäres Experiment«[167] gefeiert wird, bei dem die kommunalen Repräsentationsorgane einen Kernbereich ihrer Zuständigkeit in die Hand der Bürger geben, hat auch mit dem Ursprung des Konzepts zu tun. Pate stand der Bürgerhaushalt im brasilianischen Porto Alegre, dessen demokratie- und sozialpolitisches Innovationspotenzial sich zunächst im Rahmen der globalisierungskritischen Bewegung herumsprach und über die Weltsozialforen bald auch Europa erreichte.

Während jedoch das Ursprungsmodell auf einer wirklichen Beteiligung der sozial benachteiligten Schichten an der kommunalen Macht aufbaute und damit »eine fortschrittliche gesellschaftliche Entwicklungsperspektive«[168] eröffnete, wich man in Deutschland

---

165 Vgl. Herzberg, Bürger, S. 120

166 Herzberg, Bürger, S. 163

167 So Roland Roth in: Friedrich-Ebert-Stiftung (Hg.): Die Bürgergesellschaft in der Diskussion. Bonn 2002, S. 38

168 Herzberg, Bürger, S. 58

so weit davon ab, dass es sich in die hierzulande seit Anfang der
1990er Jahre sich ausbreitende Auffassung der Bürgergesellschaft
einfügte. Das aus ihr heraus entwickelte kommunalpolitische Leitbild einer »Bürgerkommune« dient »fast allen im Bundestag vertretenen Parteien – der LINKEN, den Grünen, der SPD, der FDP und
der CDU – als Kompass«.[169] Neben einer stärkeren Beteiligung der
Bürger an der demokratischen Willensbildung, der Stärkung ihrer
Unterstützungsnetzwerke und der Effektivierung der kommunalen
Politik zielt die Bürgerkommune nach Angaben ihrer wissenschaftlichen Fürsprecher Jörg Bogumil und Lars Holtkamp vor allem auf
eine bessere Akzeptanz von »kommunalen Dienstleistungen und
Planungsprojekten« und die »Entlastung der kommunalen Haushalte«.[170] Die Bürger sollen »eigene Ressourcen einbringen, geringere
Ansprüche an selbst produzierte Güter stellen und mit diesen auch
pfleglicher umgehen als mit den »anonymen« städtischen Angeboten.«[171] Die der SPD nahestehenden Politikwissenschaftler erstellten
für den »Arbeitskreis Bürgergesellschaft und Aktivierender Staat«
der Friedrich-Ebert-Stiftung einen Leitfaden für die Praktiker in
den kommunalen Verwaltungen und stützten sich dabei auf Ergebnisse von eigenen Forschungen, die von der Hans-Böckler-Stiftung
finanziert wurden und »auf Erfahrungen als Berater im Netzwerk
›Kommunen der Zukunft‹, einer Gemeinschaftsinitiative von Hans-
Böckler-Stiftung, Bertelsmann-Stiftung und der Kommunalen Ge-
meinschaftsstelle.«[172]

Die Idee der Bürgerkommune steht für eine sehr beschränkte
Auffassung von Partizipation, die Carsten Herzberg mit dem Begriff »selektives Zuhören« zu charakterisieren versucht hat. »Dieser

---

169 Herzberg, Bürger, S. 13

170 Bogumil, Jörg / Holtkamp, Lars: Bürgerkommune konkret. Vom Leitbild
     zur Umsetzung. Friedrich-Ebert-Stiftung, Bonn 2002, S. 10

171 Bogumil / Holtkamp, Bürgerkommune, S. 9

172 Bogumil / Holtkamp, Bürgerkommune, S. 5. Die Bertelsmann Stiftung war
     es auch, die in Kooperation mit dem Verein »Aktive Bürgerschaft« den
     Wettbewerb »Bürgerorientierte Kommunen« initiierte »aus dem heraus das
     Civitas-Netzwerk entstand.« (ebd., S. 55 f.)

sagt etwas über die Art der Vorschlagsentwicklung aus. Es bedeutet, dass die Ergebnisse der Diskussion von der Verwaltung/Politik zusammengefasst werden und nicht von den Teilnehmern selbst, womit deren Empfehlungen einen unverbindlichen Charakter erhalten.«[173] Statt den Bürgern eine eigene Entscheidungskompetenz zu übertragen, lässt man sie nur mitreden. Pate stand offensichtlich die Vorstellung einer »kooperativen Demokratie«, wie sie von prominenten Soziologen wie Ulrich Beck und Anthony Giddens erdacht wurde – ein Konzept, das von der vorgeblich »jenseits von rechts und links« positionierten neuen Sozialdemokratie unter der Führung von Anthony Blair und Gerhard Schröder in der operativen Politik erprobt wurde. »Mit kooperativen Formen der Demokratie sind nicht nur Formen der Mitentscheidung durch Bürgerbeteiligung an Willensbildungs-, Planungs- und Entscheidungsprozessen (demokratische Teilhabe) gemeint, sondern auch die Mitgestaltung von Bürgern oder Bürgergruppen an der öffentlichen Dienstleistungsproduktion (Bürgerarbeit). Die drei Demokratieformen werden darüber hinaus ergänzt durch kundenorientierte und responsive Elemente«, erläutern Bogumil und Holtkamp.[174]

Hier ist schon die aus der Welt der Wirtschaft entlehnte Sprache verräterisch. Statt die Machtverhältnisse mittels organisierter Kämpfe zugunsten der Lohnabhängigen, der prekären Selbstständigen und Kleingewerbetreibenden zu verschieben und auf diese Weise zu Kompromisslösungen zwischen den Interessengruppen zu finden, orientieren die Politologen schon von vornherein auf eine konsensuale Verständigung. Dabei ignorieren sie die realen Machtverhältnisse, in denen das in finanzstarken Verbänden zusammengeschlossene und von privaten Medien gestützte Kapital nur dann nicht zwangsläufig am längeren Hebel sitzt, wenn sich die Bürger ihm gegenüber in eigenen, selbstbewusst auftretenden Verbänden zu organisieren verstehen. Die auf dialog- und konsensorientierte Verfahren setzende Partizipation ist dagegen »zu schwach, Informationen

---

173   Herzberg, Bürger, S. 51

174   Bogumil/Holtkamp, Bürgerkommune, S. 5

einzufordern und damit den Druck zur Reform zu stärken.«[175] Daher
hat die Bürgerkommune mit einer »gerechten Verteilung öffentlicher
Ressourcen, der Stärkung sozial Benachteiligter oder der Förderung
eines ökologischen Umbaus«[176] nur wenig zu tun. Vielmehr dient diese Form der »kooperativen Demokratie« vor allem Legitimationszwe-
cken. Sie beschränkt den Bürger auf eine beratende Rolle, »von einer
Übertragung von Entscheidungskompetenz auf Bürger und Verbände ist nicht die Rede.«[177] Weil sie auf einem unrealistischen Bild der
Machtverhältnisse beruht, täuscht sie eine gleiche Teilhabe lediglich
vor. »Der Begriff suggeriert ein Bild, in dem Bürger, Verwaltung, Politiker und Wirtschaft an einem Tisch sitzen und gleichberechtigt über
die Lösung eines Problems diskutieren. Nicht gesagt wird, dass die
Verwaltung in solchen Runden immer einen Informationsvorsprung
hat, sie zudem hauptamtlich arbeitet und sich der Auseinandersetzung mit dem Thema ausgiebig widmen kann. Auch die Wirtschaft
ist hochprofessionalisiert, sie hat ein Druckmittel, das sich auf ihren
ökonomischen Einfluss gründet. Was die Bürger anbetrifft, so arbeiten
sie ehrenamtlich. Ihre Zeit ist begrenzt und sie verfügen weder über
einen direkten Zugang zu den Informationen noch wie die politischen
Mandatsträger über eine Entscheidungskompetenz. Sie sind also die
Bittsteller in dieser Runde, zugleich wird jedoch bei der kooperativen
Demokratie so getan, als wenn sie gleichberechtigte Partner seien.«[178]

---

175   Herzberg, Bürger, S. 63
176   Herzberg, Bürger, S. 64
177   Herzberg, Bürger, S. 59
178   Herzberg, Bürger, S. 61

9.
Bertelsmann und all die anderen

Wie konzernfreundliche Partizipation gestiftet wird

Die Stiftung Zukunft Berlin gab gemeinsam mit der BMW Stiftung Herbert Quandt beim Meinungsforschungsinstitut Infratest dimap eine am 6. Februar 2012 veröffentlichte Umfrage in Auftrag, die zum Ergebnis hatte, dass sich zwei Drittel der wahlberechtigten Bundesbürger über ihre Beteiligungsmöglichkeiten bei Planungsvorhaben zu wenig (55 Prozent) oder gar nicht (7 Prozent) informiert fühlen. »Der Umfrage zufolge erhoffen sich die Bürger durch die stärkere Mitsprache bessere und gerechtere Entscheidungen«, heißt es damals in der Pressemitteilung. Der Vorstandsvorsitzende der Stiftung Zukunft Berlin ist der ehemalige CDU-Politiker und Berliner Senator für Stadtentwicklung und Umweltschutz, Volker Hassemer. Er diagnostizierte laut Pressemeldung »eine Vertrauenslücke zwischen Bürgern und politischen Repräsentanten«, die es mit Hilfe von mehr Möglichkeiten zu »bürgerschaftlicher Mitverantwortung« zu schließen gelte.

Dass es bei dieser Form der Bürgerbeteiligung jedoch nicht um eine größere Teilhabe an tatsächlichen Entscheidungen, sondern lediglich um eine Einbindung potenzieller Störenfriede geht, belegen die parallel zur genannten Presseerklärung in Zusammenarbeit mit der BMW Stiftung Herbert Quandt veröffentlichten zehn Grundsätze zur bürgerschaftlichen Mitverantwortung.[179] Darin heißt es: »Bürger

---

179 Laut Hassemer verlangt die von ihm gewünschte »neue Kultur der Zusammenarbeit«, dass sich alle Beteiligten auf zehn Grundsätze verpflichten:

sollen nicht selbst an die Stelle von Entscheidern treten. Doch Bürger können Mitverantwortung übernehmen. Dadurch können Planungen und Entscheidungen schon im Vorfeld qualitativ verbessert werden, und sie können mehr Transparenz, Verbindlichkeit und Verlässlichkeit gewinnen. Bürgerschaftliche Mitverantwortung erfordert eine neue Art der Zusammenarbeit zwischen Bürgern und Entscheidern im Prozess der Entscheidungsvorbereitung. Hier müssen Politik und Verwaltung ein völlig neues, qualitativ höheres Maß an Offenheit aufbringen. Hier ist partnerschaftliche, gleichgewichtige, hier ist Zusammenarbeit ›auf Augenhöhe‹ möglich und nötig.«

Da muss mehr getan werden, lautet die unmissverständliche Botschaft, die nicht zufällig von der konzerneigenen BMW Stiftung in die Welt hinausposaunt wurde. Denn wie die Gesellschaft in demokratiepolitischer Hinsicht geändert werden muss, damit die ökonomischen Grundlagen bleiben können, wie sie sind, diese Frage versuchen in Deutschland in erster Linie die großen Stiftungen zu beantworten. So fördert der Zukunftsfond des Versicherungskonzerns Generali Deutschland Holding AG unter dem Titel »Bürger unternehmen Zukunft« das bürgerschaftliche Engagement der »Generation 55 plus«. Die BMW Stiftung und die Stiftung Zukunft Berlin unterstützten das von der Radialstiftung und Radialsystem V angeschobene Modellprojekt »Berlin Agora«, das Einzelpersonen, Vereine, Stiftungen, Nachbarschaftsinitiativen aus allen Altersgruppen und sozialen Zusammenhängen dazu einlud, parteiunabhängige Vorschläge zur Entwicklung der Hauptstadt zu machen.[180]

»Demnach muss bürgerschaftliche Mitverantwortung ernsthaft gewollt sein (1) und den Bürgern nützen (2). Es muss klar sein, worum es geht (3) und eine Verständigung über die Fakten erfolgen (4). Die Auswahl der mitwirkenden Bürger muss begründet (5) und die politisch und administrativ Zuständigen müssen persönlich eingebunden sein (6). Die Art der Mitwirkung muss angemessen, die Steuerung des Verfahrens neutral sein (7). Das Verfahren ist kooperativ, nicht konfrontativ und auf die Vorbereitung einer gemeinsamen Lösung angelegt (8). Da es von Transparenz lebt, ist es öffentlich (9). Auch nach Abschluss des Verfahrens bleiben Bürger beteiligt, zumindest indem die Entscheider Rechenschaft ablegen über ihre Entscheidung (10).«

180   www.berlin-agora.de/0608-echte-demokratie-in-berlin

Oft sind die an bürgergesellschaftlichen Themen orientierten Stiftungen vielfältig miteinander vernetzt und werden bei ihren Aktivitäten von einer Vielzahl von (Groß-)Unternehmen unterstützt.[181] Das »Netzwerk Bürgerbeteiligung« ist dabei dem Ziel verpflichtet, »der politischen Partizipation in Deutschland dauerhaft mehr Gewicht zu verleihen und sie auf allen Ebenen (Bund, Länder, Kommunen) zu stärken.«[182] Angeschlossen sind Einzelpersonen und Organisationen, die politisch aus geradezu entgegengesetzten Richtungen kommen können. FDP-Planer Christopher Gohl ist ebenso dabei wie Roland Roth, der unter anderem Mitglied im wissenschaftlichen Beirat von attac ist. Verbinden dürfte sie das von Gohl verkündete Glaubensbekenntnis: »Politische Beteiligung kann die Welt besser machen«[183] sowie die Annahme, dass der Dialog das geeignete Mittel ist, um Interessengegensätze zu überbrücken. Jedenfalls sieht die Leitidee des »Netzwerks Bürgerbeteiligung« ausdrücklich eine »vertrauensvolle Zusammenarbeit«[184] aller ihm angeschlossenen Aktivisten und Organisationen vor. Dem gleichen Zweck dient der »Wegweiser Bürgergesellschaft«[185] der 1963 gegründeten Stiftung Mitarbeit. Die Stiftung hat sich die »Demokratieentwicklung von unten« zur Aufgabe gemacht und agiert als »Servicestelle für das bürgerschaftliche Engagement außerhalb von Parteien und großen Ver-

---

181 Die Stiftung Neue Verantwortung wird unterstützt von: Otto Beisheim Holding GmbH, Evonik Industries AG, Giesecke & Devrient Stiftung, Lanxess AG, Stiftung Mercator, RWE Stiftung, EnBW AG, Bosch GmbH, CASSIDIAN – an EADS Company, Deutsche Akademie der Technikwissenschaften – acatech, Edenspiekermann Berlin AG, Egon Zehnder International Deutschland, Friedhelm Loh Group, IBM Deutschland GmbH, Knauf KG, ORRICK HÖLTERS & ELSING, PwC Deutschland, Stifterverband für die Deutsche Wissenschaft, Thüga AG, Vodafone Stiftung, A.T. Kearney Bayer, BMW Stiftung Herbert Quandt, Deutsche Telekom AG, The Potsdam Foundation

182 www.netzwerk-buergerbeteiligung.de/ueber-das-netzwerk/leitidee

183 Aus der Selbstdarstellung des »Netzwerkers« Christoper Gohl unter: www.netzwerk-buergerbeteiligung.de/ueber-das-netzwerk/netzwerkerinnen

184 www.netzwerk-buergerbeteiligung.de/ueber-das-netzwerk/leitidee

185 www.buergergesellschaft.de

bänden«.[186] Auch das aus einem Forschungsprojekt des Centrums für angewandte Politikforschung der Universität München (2000 –2004) mit der Bertelsmann Stiftung hervorgegangene Netzwerk Gemeinsinn hat sich die Verbindung von Beteiligungsakteuren aus Theorie und Praxis sowie die Weiterentwicklung von Beteiligungsmethoden zum Ziel gesetzt. Kritiker sind sich darin einig, dass die Bertelsmann Stiftung zu den einflussreichsten Akteuren aus der »Zivilgesellschaft« gehört. Da diese die Umpolung von partizipatorischer Demokratie unter neoliberalen Vorzeichen maßgeblich betreibt, sollen ihre Aktivitäten bei den folgenden Ausführungen im Mittelpunkt stehen.

Die Bertelsmann Stiftung als Motor des Sozialabbaus

Die 1977 gegründete Institution ist mit über drei Vierteln der Anteile heute Haupteigentümer des Medienkonzerns Bertelsmann AG und verfügte allein im Geschäftsjahr 2004 über einen Etat von 69 Millionen

---

186 Die Stiftung Mitarbeit hat seit 1991 mehr als 1.000 lokale Gruppen mit kleinen Zuschüssen in der Größenordnung von 500 Euro unterstützt, Fachtagungen veranstaltet und eigene Publikationsreihen, darunter die »Beiträge zur Demokratieentwicklung von unten«, herausgebracht. Sie sieht ihre Aufgabe darin, Menschen »zu ermutigen, Eigeninitiative zu entwickeln und sich an der Lösung von Gemeinschaftsaufgaben zu beteiligen« und richtet sich in ihrer Arbeit an Bürgerinitiativen, Selbsthilfe-Gruppen, Stiftungen, Verbände, Vereine und Netzwerke. Sie berät Kommunen, lokale und überregionale Wirtschaftsakteure sowie Ministerien in Fragen der Partizipation. Die Stiftung finanziert sich aus Spenden, Zinserträgen des Stiftungsvermögens, Verkäufen eigener Publikationen, Honoraren, Einnahmen von Tagungs- und Seminarteilnehmern und erhält seit 1980 eine jährliche Förderung aus Mitteln des Bundesministeriums des Innern. Dem Kuratorium gehören unter anderem die ehemalige Bundesbeauftragte für die Unterlagen des Staatssicherheitsdienstes der DDR, Marianne Birthler, der Publizist Gerald Häfner, die thüringische Ministerpräsidentin Christine Lieberknecht, die ehemalige Bundesministerin Renate Schmidt, Bundespräsident a. D. Richard von Weizsäcker sowie der Aufsichtsratsvorsitzende der Gothaer Allgemeine Versicherung AG, Roland Schulz, an. (vgl. www.mitarbeit.de)

Euro.[187] 2013 konnte sie »mit einem Arbeitsetat von 63 Millionen Euro im Jahr rechnen«.[188] Der Konzernstiftung, nach Aussage des Soziologen Steffen Roski personell eng mit dem Unternehmen verbunden, ist es gelungen, »als Sachwalter des ›Demokratischen‹ schlechthin zu erscheinen und als Dienstleister an der stiftungsseitig inszenierten Verbetriebswirtschaftlichung poltisch-staatlicher Prozesse – an Private Public Partnerships und New Public Management – kräftig zu verdienen.«[189] Jürgen Turek, stellvertretender Direktor des mit der Bertelsmann Stiftung verflochtenen Centrums für angewandte Politikforschung (CAP), schrieb zur Aufgabenverteilung zwischen Konzern und Stiftung: Weltweit agierende Unternehmen wie Bertelsmann »werden zu Kompetenzzentren im Prozess des Wandels. Durch die Übernahme sozialer Verantwortung über gesellschaftlich ausgerichtete Public Relations oder eine geschickte Instrumentalisierung von Stiftungen definieren sie gleichermaßen politische Positionen und bestimmen die Themen der internationalen Politik zunehmend mit.«[190]

Die neoliberale Agenda der Stiftung, ihre Rolle als Motor des von der Regierung Gerhard Schröders (SPD) und Joseph Fischers (Grüne) durchgesetzten Sozialabbaus, bei der Privatisierung der Daseinsvorsorge bis hin zur marktwirtschaftlich orientierten Umgestaltung des Bildungswesens ist in verschiedenen kritischen Untersuchungen schon umfassend beleuchtet worden. Kaum Beachtung hat dagegen ihr nicht weniger gefährliches demokratiepolitisches Engagement gefunden. Das mag auch damit zu tun haben, dass viele ihrer diesbezüglichen Stiftungsaktivitäten aus aufgeklärter Sicht zunächst ganz vernünftig klingen oder für sich genommen recht harmlos erscheinen.

---

187 Schröder, Stefanie: Der Bertelsmann-Konzern zwischen Politik und Öffentlichkeit: »Du bist Deutschland!« – Wer eigentlich?, in: Jens Wernicke / Torsten Bultmann (Hg.): Netzwerk der Macht – Bertelsmann. Der medialpolitische Komplex aus Gütersloh. Marburg 2007, S. 140

188 dpa-Meldung vom 30.04.2013.

189 www.nachdenkseiten.de/?p=4297

190 Roski, Steffen: Konzern – Macht – Politik – Wissen. Sozialwissenschaften als Hilfskräfte in Bertelsmanns »Reformwerkstatt«, in: Wernicke / Bultmann (Hg.): Netzwerk, S. 81

Gelenkte Beteiligung

So richten sich viele Aktivitäten sowohl der Stiftung als auch der Bertelsmann AG darauf, Bürgerengagement zu wecken bzw. vorhandene Beteiligungswünsche zu stärken. Hierzu diente beispielsweise die am 26. September 2005 mit einem zwei Minuten langen Fernsehspot gestartete und bis Januar 2006 fortgesetzte Kampagne »Du bist Deutschland«, für die viele Prominente ihr Gesicht hergaben. Es handelte sich um die gemeinsame Aktion von 25 deutschen Medienunternehmen, die von der Bertelsmann AG koordiniert wurde und einen Beitrag zur gewünschten Aufbruchstimmung in der BRD leisten sollte. Die Sozialwissenschaftlerin Stefanie Schröder hat gezeigt, dass die Kampagne aber vor allem dazu diente, ein spezifisches Menschenbild zu transportieren. Der aktive und eigenverantwortliche Mensch, der sich selbst auch nach Niederlagen immer wieder zu neuen Taten aufrafft, wird als vorbildlich dargestellt.[191] Bertelsmann gibt aber nicht nur vor, nach welchem Ideal sich die Bürgerbeteiligung ausrichten soll. Die Stiftung stellt darüber hinaus auch die Formen bereit, in denen sich Bürgermacht artikulieren soll. Hierhin gehört das »BürgerForum 2011«, eine gemeinsame Initiative von Bertelsmann, des Bundespräsidenten und der Heinz-Nixdorf-Stiftung. In 25 Städten und Kreisen entwickelten über 10.000 Menschen im Rahmen eines Veranstaltungsprogramms eigene Projekte für den gesellschaftlichen Zusammenhalt. Bei den Teilnehmern handelte es sich nicht um gewählte Vertreter von Vereinigungen oder Organisationen, die sich zusammen taten, um für gemeinsame Interessen einzutreten, sondern um jeweils einzelne, die nach dem Zufallsprinzip ausgewählt wurden und auf diese Weise die Vielfalt der Gesellschaft repräsentieren sollten, genauer gesagt eine atomisierte Variante dieser Vielfalt.

Genauso verhält es sich mit den 11.600 Personen, die im März als Bürgerjury dazu eingeladen waren, aus insgesamt sieben Finalisten

---

191   Vgl. Schröder, Stefanie: Der Bertelsmann-Konzern zwischen Politik und Öffentlichkeit: »Du bist Deutschland!« – Wer eigentlich?, in: Wernicke/Bultmann (Hg.): Netzwerk, S. 139-149

den Gewinner für den Reinhard-Mohn-Preis 2011 zu bestimmen, der unter dem Titel »Vitalisierung der Demokratie durch Partizipation« ausgelobt worden war. Es setzte sich schließlich ein durchaus innovatives soziales Projekt durch: Stadt- und Schulentwicklung per Bürgerhaushalt in Recife, Brasilien. Freilich waren diese Favoriten von einer Arbeitskommission aus Politik, Wissenschaft und Gesellschaft bereits umsichtig vorsortiert worden. Zur Wahl standen neben Recife weitere Bürgerhaushalte in Belo Horizonte (Brasilien) und in La Plata (Argentinien), eine Bürgerversammlung zur Entwicklung eines neuen Wahlrechts in British Columbia (Kanada), eine Vision für eine nachhaltige Stadt in Geraldton (Australien), die Initiative »Portsmouth hört zu« sowie ein Projekt der Bürgerbeteiligung in Hampton (beide USA). Stefan Gehrke, Geschäftsführer von pol-di.net.e.V. / politik-digital.de und Mitglied der Arbeitskommission, erklärte, man habe zwei Tage intensiver Diskussion gebraucht, um sich einig zu werden über die Projekte, »die weiterkommen sollen und ein Vorbild für Deutschland sein können«.

Die gewünschte Vorbildfunktion ist vermutlich auch ausschlaggebend dafür gewesen, dass Projekte aus sozialistisch regierten Staaten wie Venezuela und Bolivien mit den derzeit wohl spannendsten und fortschrittlichsten Experimentierfeldern in Hinblick auf direkte Demokratie und Partizipation von unten, nicht in die engere Auswahl kamen. Die dort praktizierten und von den Regierungen ideell und materiell massiv unterstützten Formen von Räteorganisation hätten, falls sie von der offensichtlich durchaus sozial eingestellten Bürgerjury gewählt worden wären, wohl von vornherein keine Chance gehabt, auf dem am 16. Juni 2011 veranstalteten Festakt in Gütersloh durch eine Lobrede von Bundeskanzlerin Angela Merkel geehrt zu werden. Vorgestellt wurde das schließlich prämierte Projekt Recife dann auf stiftungseigenen Internetseiten[192] und im ebenfalls stiftungseigenen Printmagazin *Change* (2/2011), das sich unter dem Titel »Wir machen mit! Wie Bürger Entscheidungen aktiv mitgestalten« dem Schwerpunktthema Bürgerbeteiligung widmete. Wirkliche Demokratie von

---

192 www.bertelsmann-stiftung.de/rmp, www.vitalizing-democracy.org

unten wird auf diese Weise, anders als es die Bertelsmann Stiftung
nach außen hin darstellt, weniger gefördert denn kanalisiert und mit
Hilfe der beteiligten Medien zugunsten der Interessen der ohnehin
mächtigen Konzerne eingehegt. Für Stefanie Schröder haben die zivilgesellschaftlichen Aktivitäten des Machtkomplexes Bertelsmann
daher eine deutlich antidemokratische Schlagseite: »Die Beeinflus-
sung der öffentlichen Meinung durch private Institutionen und ihre
›Subunternehmen‹, wie die Stiftung eines ist, tendiert hier geradezu zu
einer Verhinderung von Demokratie, denn Partizipation, die außerhalb der Vorstellungen der Stiftung und des Konzerns steht, scheint
immer unmöglicher zu werden.«[193]

Mohns Unternehmerdemokratie

In der Projektarbeit fühlt sich die Stiftung laut Selbstbeschreibung nach
wie vor ganz eng den politischen Ideen ihres mittlerweile verstorbe-
nen Gründers und Konzernpatriarchen Reinhard Mohn (1921 – 2009)
verpflichtet.[194] In seinem Buch »Die gesellschaftliche Verantwortung
des Unternehmers« (München 2003) hatte dieser in dankenswerter
Klarheit formuliert, was der Begriff »demokratische Bürgergesellschaft« im Kern für ihn bedeutet, nämlich die Ausdehnung marktwirtschaftlicher Wettbewerbsprinzipien auf den gesamten politischen Bereich von der kommunalen bis zur gesamtstaatlichen Ebene: »Dank
der Versuche, die ich seit Jahrzehnten für den öffentlichen Bereich
mit Hilfe der Bertelsmann-Stiftung gemacht habe, darf ich heute mit
Überzeugung feststellen, dass die Impulse des Wettbewerbs im öffentlichen Bereich genau denselben Erfolg haben wie in der Wirtschaft.«
Auf lokaler Ebene empfiehlt er den Unternehmern, ihre Erfahrungen
in den Stadtrat und dessen verschiedene Ausschüsse einzubringen.

---

193 Schröder, Stefanie: Der Bertelsmann-Konzern zwischen Politik und Öffent-
     lichkeit: »Du bist Deutschland!« – Wer eigentlich?, in: Wernicke / Bultmann
     (Hg.): Netzwerk, S. 141
194 Vgl. www.bertelsmann-stiftung.de

Sie könnten beispielsweise »die städtischen Dienstleistungsbetriebe beraten und sich als Mäzen für das Kulturleben der Stadt hervortun«. Zielvorstellung ist ein »schlanker Staat«, der durch das Engagement seiner Bürger entlastet werde. Jeder soll dabei – nach seinen jeweiligen Möglichkeiten – mittun. Das heißt, das ehrenamtliche Engagement einer Grundschullehrerin oder eines Supermarktkassierers ist zwar genauso erwünscht wie die mäzenatische oder beratende Tätigkeit eines Unternehmers, doch geht diese Variante von Bürgerpartizipation unweigerlich mit einer Machtverschiebung zugunsten jener Schichten einher, die als gut vernetzte Träger ökonomischer Macht ohnehin über deutlich mehr Einflusschancen verfügen als die überwiegende Mehrheit der abhängig Beschäftigten, Erwerbslosen oder auch kleinen Selbständigen.

Das Mohns Ansicht nach beste gesellschaftspolitische Modell stammt aus der privaten Konkurrenzwirtschaft. Das hier etablierte System der Unternehmenskultur will er bruchlos auch auf den Staat übertragen sehen. »Wenn wir eine wirkungsvolle Demokratie für erstrebenswert halten, müssen wir uns in diesem Sinne auch für das beste Ordnungssystem im öffentlichen Bereich entscheiden. Es heißt Unternehmenskultur!« Er fordert daher die »Einführung von Wettbewerb für alle öffentlichen Bereiche« und die »Verlagerung staatlicher Aufgaben auf die Bürger«. Bis zu seinem Tod blieb Reinhard Mohn in der Stiftung präsent und hat laut deren Homepage »immer wieder neue Vorschläge und Gedanken in die Arbeit eingebracht. Bis zuletzt war er Mitglied des Kuratoriums der Bertelsmann-Stiftung.«[195]

---

195 www.bertelsmann-stiftung.de

10.
Befriedung statt Demokratie

Die administrativ betriebene Erprobung von Dialog- und Mediationsverfahren als Befriedungstechniken reicht bis in die siebziger Jahre
zurück. Damals war die SPD als Regierungspartei darauf abonniert.
Als Bundeskanzler Willy Brandt im Oktober 1969 in seiner Regie-
rungserklärung die viel zitierten Worte »Mehr Demokratie wagen«
aussprach, hatten nur wenige Wochen zuvor 140.000 Stahlarbeiter in
spontanen Streiks ihren Kampfwillen und ihre Organisationsstärke
gezeigt. »Das Versprechen, mehr Demokratie zu wagen, war in dieser Situation das Gebot der Stunde, um die gewerkschaftlichen und
studentischen Proteste im Zaum zu halten.«[196] Und als die Proteste
gegen die Atomkraft nicht mehr zu ignorieren waren, setzte die damalige Bundesregierung auf Bürgerdialoge, in denen sich der Unmut der
Umweltbewegung zwar artikulieren sollte, aber für die Entscheidung
letztlich unverbindlich blieb. Man hoffte darauf, einen Keil zwischen
gesprächsbereite Gegenexperten und jenen AKW-Gegnern zu treiben, die ihren Widerstand mit einer radikalen Kritik am kapitalistischen System verbanden.

Wie gezeigt, wurde das strategische Kalkül später beim Einsatz des
Mediationsverfahren zur Befriedung der Auseinandersetzungen um
den Ausbau des Flughafens in Frankfurt am Main noch deutlicher:
Nachdem die SPD-geführte Regierung Hessens durch den Konflikt
um die Startbahn-West in arge Bedrängnis geraten war, setzte Minis-

---

terpräsident Hans Eichel in den neunziger Jahren auf neue Formen der politischen Beteiligung. Der Streit sollte sich vom politischen Kern auf weniger brisante Sach- und Verfahrensfragen verlagern. Der Widerstand wurde durch die Einbindung einer Reihe von Organisationen der »Zivilgesellschaft« in seiner Legitimation geschwächt und dadurch deutlich eingedämmt. »Was sich aus der Perspektive starrer, klassischer Verwaltungstechnokraten geradezu ›revolutionär‹ ausnimmt, stellt sich bei kritischer Betrachtung als der Versuch dar, einerseits Konfrontation zu vermeiden und andererseits die betroffenen BürgerInnen, und deren Widerstandspotenzial erneut staatlich einzubinden«[197], schrieb Michael Wilk schon Ende der neunziger Jahre. Unter dem Motto, dass es gelte, »die Demokratie zu demokratisieren«,[198] waren es dann Denker aus dem grünen und dem sozialdemokratischen Spektrum, die in den neunziger Jahren passend dazu einem möglichst konfliktabstinenten Politikverständnis den Weg bereiteten. Ausgehend von der schon damals zutreffenden Beobachtung einer zunehmenden Entfremdung der Bürger von den politischen Institutionen wurde nach Wegen gesucht, ihr Vertrauen in die Demokratie zurückzugewinnen. Individualisierungstendenzen, so lautete die Diagnose Anthony Giddens, hätten eine zunehmende gesellschaftliche Befähigung zum Dialog mit sich gebracht, die im Alltagsleben von der »ausgehandelten Autorität« zwischen Eltern und Kindern, über »das Umsichgreifen von sozialen Bewegungen und Selbsthilfegruppen« bis hin zur Einführung »dezentralisierter und flexiblerer Leitungssysteme«[199] in Organisationen und Unternehmen reicht. Die gewachsene Dialogfähigkeit erfordere nun aber einen ihr entsprechenden Umbau der Politik, der die Regierungen in die Lage versetzt, »durch ›Demokratieexperimente‹ wieder in direkten Kontakt mit den Bürgern«[200]

---

197 Wilk, Macht, S. 118

198 Giddens, Anthony: Jenseits von Links und Rechts. Frankfurt a. M. 1997, S. 159

199 Giddens, Jenseits, S. 167, 169, 172.

200 Giddens, Anthony: Der dritte Weg. Die Erneuerung der sozialen Demokratie. Frankfurt a. M. 1999, S. 91

zu treten. Das Dialogmodell der Politik sollte die Konzeption einer
pluralen Demokratie ablösen, in der Interessenkonflikte von Gewerkschaften, Verbänden und Parteien ausgetragen und nach Maßgabe der
gesellschaftlichen Kräfteverhältnisse Kompromisse gefunden werden.
Dieser Ansatz war von vorneherein darauf angelegt, die Machtbasis
von abhängig Beschäftigten und sozialen Bewegungen ideologisch
erheblich zu schwächen. Der sozialen Demokratie in Deutschland
haben seine Propagandisten und Befürworter, die aus linksliberalen
und alternativen Milieus im Umfeld von SPD und Grünen stammten,
entgegen anders lautender Lippenbekenntnisse einen Bärendienst er-
wiesen.

Bürgergesellschaft als Ideologie

Die oft synonym verwendeten Begriffe »Zivilgesellschaft« und »Bürgergesellschaft« bezeichnen im heute vorherrschenden Verständnis
die erwünschte, also positiv besetzte, aktive Beteiligung der Bürger an
der Gestaltung des Gemeinwesens, wobei der Bereich der Ökonomie,
der Produktion, der Betriebe sowie der Planung und Koordination
volkswirtschaftlicher Prozesse ausgeklammert bleibt. Üblicherweise
wird die Zivil- oder Bürgergesellschaft, als Bereich der Selbstorganisation der Bürger, in einem dreiteiligen Modell dem Staat und der
Wirtschaft gegenübergestellt. Die Stiftung Mitarbeit versteht unter
Bürgergesellschaft: »demokratische, gesellschaftliche Selbstorganisation, unabhängig vom Staat und außerhalb des Marktes.« »Ein er-
folgreiches Gemeinwesen ruht auf den drei Säulen Staat, Markt und
Bürgergesellschaft«,[201] schreibt der Politikberater Warnfried Dettling.
Verwurzelt sind die Begriffe jedoch zunächst überhaupt nicht im
konservativen Lager. Zum einen stammen sie aus »den basisdemokratischen Alternativ- und Umweltbewegungen der 70er und 80er

---

201 Dettling, Warnfried: Eine neue Dimension von Demokratie, in: Penta, Leo
     (Hg.): Community Organizing. Menschen verändern ihre Stadt. Hamburg
     2007, S. 95

Jahre«,[202] die für das Aufbegehren der Jugend in Westdeutschland typisch waren. Zum anderen rühren sie aus jenen Bewegungen in den realsozialistischen Staaten, die zunächst mehr Demokratie und Bürgerrechte einforderten, damit dann aber eine Dynamik einleiteten, die den Siegeszug des Kapitalismus dort erst ermöglichte. »Der entscheidende Anstoß kam wahrscheinlich von Solidarnosc in Polen und den übrigen Oppositionsbewegungen in Ost- und Mitteleuropa. Der Anspruch auf eine Zivilgesellschaft als eine eigenständige, respektierte Sphäre von Öffentlichkeit, Selbstorganisation und politischem Engagement wurde gegen die staatssozialistische Gesellschaft geltend gemacht«.[203]

Erst die Verbindung beider Begriffstraditionen nach dem Anschluss der DDR an die BRD führte aber dazu, dass der Begriff der Zivilgesellschaft grundsätzlich eine gegen jede Form des Sozialismus gerichtete Schlagseite bekam und in dieser Ausprägung zu einem Leitbegriff der nach rechts gerückten Grünen und der SPD wurde. »Nach 1990 schien es, als ob Zivilgesellschaft zum Schlüsselbegriff für ein ost-west-übergreifendes, gesellschaftspolitisches Projekt werden würde, das beide europäischen Traditionen verbindet und der politischen Linken anstelle des offensichtlich irreversibel beschädigten Sozialismus-Begriffes ein neues Ziel vermittelt«, schrieb der selbst aus der DDR-Bürgerbewegung stammende ehemalige Bundestagspräsident Wolfgang Thierse (SPD) und erläuterte, wie der Begriff im Jahr 2000 zum Motto der Modernisierungsdebatte der europäischen Sozialdemokratie wurde: »Gerhard Schröder veröffentlichte dazu in der *Neuen Gesellschaft* einen programmatischen Aufsatz, dessen Hauptthese lautete: Der Staat muss Verantwortung an die Zivilgesellschaft zurückgeben. Im Juni 2000 riefen die in Berlin tagenden 13 Regierungschefs der linken Mitte zur Stärkung der Zivilgesellschaft auf. Im September

---

202 Thierse, Wolfgang: Grundlagen und Gefährdungen der modernen Zivilgesellschaft, in: Friedrich-Ebert-Stiftung (Hg.): Die Bürgergesellschaft in der Diskussion. Bonn 2002, S. 13

203 Roth, Roland: Zivilgesellschaft und die Zukunft der Demokratie, in: Friedrich-Ebert-Stiftung (Hg.): Die Bürgergesellschaft in der Diskussion. Bonn 2002, S. 26

2000 erklärten Tony Blair, Wim Kok, Göran Persson und Gerhard Schröder gemeinsam, die Zivilgesellschaft sei Europas Beitrag zum Fortschritt im 21. Jahrhundert. Sie zu stärken, sei nötig, weil sie ›ein Gegengewicht sowohl zu übermäßiger staatlicher Einmischung als auch zur uneingeschränkten Macht der Märkte‹ sei.«[204]

War das Konzept der Zivilgesellschaft in Deutschland zunächst vor allem als eine Möglichkeit begriffen worden, den Staat durch die Aktivierung privater Initiative, etwa durch ehrenamtliche Tätigkeit, von seinen sozialen Aufgaben zu entlasten, wurde es nun auf den politischen Bereich erweitert. Den Bürger sollten nun auch Möglichkeiten gegeben werden, direkt an politischen Entscheidungen teilzuhaben. Schon 2001 entwarf der genannte Hinterzimmer-Stratege der FDP, Christopher Gohl, das politische Leitbild einer beteiligungsorientierten Bürgergesellschaft, die den von der FDP seit langem geforderten, aber erst von der SPD-Grünen-Bundesregierung besiegelten Abschied vom sozialstaatlich gezähmten »Rheinischen Kapitalismus« um eine politische Dimension erweiterte. Der Parteienstaat mit seinem korporatistischen Interessensausgleich sollte durch neue politische Techniken gesellschaftlicher Abstimmung abgelöst werden. Durch mehr direkte Demokratie und größere politische Teilhabe, hoffte er schon damals, würden sich die Bürger besser in die – vom ökonomischen Diktat geforderten – sogenannten Strukturanpassungen einbinden lassen. Denn Partizipation »schafft ein Verständnis für die Komplexität der Realität und dämpft überzogene Erwartungen.«[205]

Um auszuloten, wie das Bürgerengagement über das Ehrenamt hinaus ausgedehnt werden könne, arbeitete die SPD-nahe Friedrich-Ebert-Stiftung während der Regierung Schröder/Fischer eng mit der Enquete-Kommission Ehrenamt des Deutschen Bundestags und ihrem Vorsitzenden Michael Bürsch zusammen. Dieser fasste das gemeinsame Ziel so zusammen: »Es muss ein verändertes Verhältnis von Staat und Bürgern geben, vielleicht einen neuen Gesellschaftsvertrag, und

---

204 Thierse, Grundlagen, S. 14

205 Gohl, Christopher: Bürgergesellschaft als politische Zielperspektive, in: Aus Politik und Zeitgeschichte, 06-07/2001, S. 10

der besagt: Wir sind an einem Punkt, an dem wir alles, was das Verhältnis Bürger und Staat auszeichnet, vom Kopf auf die Füße stellen müssen, das heißt zurückkommen müssen zu dem, was die ursprüngliche Idee war, nämlich: Die Bürger organisieren sich selbst. Die Bürger sind für sich verantwortlich und organisieren sich entsprechend. Wir können nicht mehr den Thing einführen, wo alle alles mitbestimmten, aber wir können Formen finden, in denen das wieder Realität wird.«[206] Seitdem ist ein Verständnis von Demokratie auf dem Vormarsch, das die gesamte politische Ordnung aus der Perspektive der Selbstorganisation und der Eigeninitiative der Bürger konzipiert und »die Idee der Bürgergesellschaft als eine Art Leitidee für die Entwicklung von Staat, Wirtschaft und Gesellschaft«[207] betrachtet. Dabei wird unter Demokratie tendenziell nicht mehr die Art und Weise verstanden, wie Interessenkonflikte ausgetragen werden, sondern zu einer konsensorientierten Kooperation verharmlost. »Zivilgesellschaft ist ein System der Kooperation, an dem all diejenigen teilnehmen – oder idealiter teilnehmen können –, die einer politisch verfassten Gemeinschaft angehören«,[208] fasste Gerhard Schröders ehemaliger Kulturstaatsminister Julian Nida-Rümelin diese für einen politischen Philosophen erstaunlich unpolitische Idee zusammen, der er damals sogar ein eigenes Buch mit dem Titel »Demokratie als Kooperation« widmete. Die Verbürgergesellschaftlichung der Demokratie ist die Basis für den allgemeinen Ruf nach mehr Partizipation, der sich in einer kaum noch überschaubaren Zahl von Vereinen, Initiativen und Bündnissen artikuliert und von einer Reihe von Stiftungen unterstützt wird.

---

206 Zivilgesellschaft, Parteien, Demokratie – Aussprache zu den Beiträgen von Bürsch und Machnig, in: Friedrich-Ebert-Stiftung (Hg.): Die Bürgergesellschaft in der Diskussion. Bonn 2002, S. 53

207 Dettling, Dimension, S. 89

208 Nida-Rümelin, Julian: Zivilgesellschaft und kultureller Pluralismus, in: Friedrich-Ebert-Stiftung (Hg.), Bürgergesellschaft, S. 70

11.
Der Kampf um die Zivilgesellschaft

Um zu verstehen, weshalb und auf welche Weise neue Beteiligungsverfahren heute gegen fortschrittliche Ziele in Stellung gebracht
werden, ist ein realistischer Blick auf die »Bürger«- oder »Zivilgesellschaft« unverzichtbar. Im Unterschied zu ihrer Verklärung als basis-
demokratische Gegenpart von Staat und Wirtschaft empfiehlt sich ein
dynamischeres Verständnis, das die Zivilgesellschaft als ein Kampffeld
begreift, auf dem verschiedene Akteure um die Durchsetzung ihrer
Interessen ringen. Der Arm des Staates reicht in die Zivilgesellschaft
hinein, wenn er Mediationsunternehmen damit beauftragt, Konflikte mit Hilfe von Dialogverfahren zu kanalisieren und einzudämmen.
Und wenn Konzernstiftungen ihre Mittel dafür einsetzen, entsprechende Forschungen zu finanzieren, und sie außerdem großzügig bei
der Bildung von bürgergesellschaftlichen Netzwerken helfen, dann
handelt es sich um den Versuch, der Selbstorganisation der Bürger
einen Rahmen und eine Richtung zu geben, die den Vorrang privater
Profitinteressen vor dem Gemeinwohl nicht gefährdet.

In ihrem Buch »Der neue Geist des Kapitalismus« haben Luc Boltanski und Ève Chiapello beschrieben, wie sich »im Anschluss an die
68er Bewegung die Aufmerksamkeit der Kritik von der bis dahin do-
minanten Frage, wie der Wertzuwachs zu verteilen sei, auf das Verhal-
ten innerhalb der Hierarchiestrukturen verlagert. Daraufhin mussten
die Unternehmensführungen die überkommenen Disziplinarformen
lockern.«[209] Auf der Grundlage einer Untersuchung der seit den sech-

---

209 Boltanski/Chiapello: Der neue Geist des Kapitalismus, S.524

ziger Jahren entstandenen Managementliteratur zeigen die Soziologen, »wie es den Kapitalisten gelungen ist, sich die Forderungen nach Autonomie, die von den Bewegungen in den 1960er Jahren erhoben wurden, zu eigen zu machen und sie durch die Entwicklung der postfordistischen Netzwerkökonomie in neue Formen von Kontrolle umzuwandeln. Sie zeigen, wie das, was sie in Bezug auf die Strategien der Gegenkultur ›Künstlerkritik‹ nennen – die Suche nach Authentizität, das Ideal der Selbstverwaltung, das anti-hierarchische Bedürfnis – , benutzt wurde, um eine neue Art der kapitalistischen Regulierung zu fördern und die disziplinären Rahmenbedingungen der fordistischen Periode zu ersetzen.«[210] Nachdem es der bürgerlichen Klasse gelungen war, diese Aktivierungs- und Kreativitätspotenziale für eine Modernisierung der kapitalistischen Produktionsweise zu nutzen, greifen ihre Vereinnahmungsbemühungen heute vom ökonomischen Bereich auch auf den der Politik über. Während die zuerst von Seiten linker Bewegungen ausgegebene Parole von der »Demokratisierung der Demokratie« einst die Übertragung des demokratischen Prinzips auf alle gesellschaftlichen Bereiche, insbesondere auf die Sphäre der Ökonomie und die Frage nach dem Eigentum an den Produktionsmitteln, zielte, geht es den neoliberalen Verfechtern der Bürgergesellschaft nicht um die Überwindung der Kapitalherrschaft, sondern um ihre noch stärkere politische und ideologische Verankerung. So beschneiden die Bürger ihre eigentlichen Interessen selbst, indem sie im Rahmen von Mediationsverfahren den Unternehmen ihre Expertise zur Verfügung stellen, als Teilnehmer einer Bürgerplattform die Aufwertung ihres Stadtviertels vorantreiben oder im Rahmen eines Bürgerhaushalts mitentscheiden, an welcher Stelle gekürzt werden soll. Die herrschende Klasse greift Forderungen nach mehr Demokratie auf, baut sie in den Staatsapparat ein und schafft somit ein Bollwerk gegen jede wirkliche demokratische Veränderung, das deshalb so stabil erscheint, weil es ausgerechnet von jenen Menschen aktiv gestützt wird, die als potenzielle Systemveränderer in Frage kämen.

---

210   Mouffe, Chantal: Demokratie auf dem Prüfstand (Gespräch mit M. Miessen),
       in: Miessen, Markus: Albtraum Partizipation. Berlin 2012, S. 111

Der italienische Kommunist Antonio Gramsci (1891–1937) be-
zeichnete Vorgänge, bei denen die Bourgeoisie Forderungen linker
Bewegungen, Parteien und Gewerkschaften aufnimmt, um dadurch
umso besser ihre ökonomischen und politischen Interessen zu wahren, als »passive Revolution«. Deswegen würden die ökonomischen
und politischen Verhältnisse verändert, ohne dass sich grundsätzliche Änderungen im Machtverhältnis der Herrschenden zu den
Beherrschten, der Regierenden zu den Regierten ergeben. War die
Dialog- und Konsensorientierung *innerhalb* linker Gruppen zunächst
ein Ausdruck des Versuchs, Konflikte *untereinander* gewaltfrei auszu-
tragen und damit eine kollektive Stärke zu gewinnen, werden die
dabei entwickelten Techniken der Verständigung nun mit dem Ziel
benutzt, die Kritiker von Herrschaftsprojekten auf dem Verfahrens-
wege in die Stabilisierung der Machtverhältnisse möglichst einzubinden. Und das mit der zunächst überzeugenden Idee: »Gemeinhin hat
die Idee der Partizipation die Konnotation, dass, wenn jeder beteiligt
wäre und partizipieren würde, ein Konsens erreicht und volle Demokratie verwirklicht werden würde. Und gemeinhin gibt es auch eine
Art Gegensatz zwischen den Ideen der partizipatorischen und der repräsentativen Demokratie – eine Aufwertung der partizipatorischen
Demokratie, der Partizipation im Allgemeinen und andere Dinge, die
darauf hinweisen, dass die im Interesse der Elite arbeitet, während die
Partizipation eher progressiv ist.«[211]
  Diese einst gültige Gegenüberstellung aber ist heute überholt. »Es
gibt heute ganz klar einen hegemonialen Kampf um die Frage der
Partizipation. Es geht darum, welche Bedeutung die Partizipation bekommt, die akzeptiert wird. Manche Auffassungen von Partizipation
können subversiv sein, während andere dem Kapital in die Hände
arbeiten, weil sie die Leute dazu bringen, an ihrer eigenen Ausbeutung mitzuarbeiten.«[212] Die ideologische Basis für solche Vereinnah-
mungsversuche stellen sozialwissenschaftliche Theorien dar, mit deren Hilfe die Klassen- und Interessengegensätze geleugnet oder als

---

211 Mouffe, Demokratie, S. 103
212 Mouffe, Demokratie, S. 112 f.

vernachlässigbare Größen dargestellt werden. So gehen Ulrich Beck und Anthony Giddens, zwei der politisch einflussreichsten Soziologen in Europa,[213] spätestens seit den 1990er Jahren davon aus, dass es in den heutigen Gesellschaften »keine in Wir-Sie-Form konstruierten kollektiven Identitäten mehr gibt, dass sich also die politischen Grenzen aufgelöst haben«[214] und daher die Demokratisierung der Demokratie »ohne Definition eines Gegners erfolgen kann.«[215]

Ulrich Beck hatte für die Analyse von einander gegenüberstehender Klassen in seiner Soziologie keine Verwendung mehr und schlug vor, stattdessen »Formen konsensstiftender Zusammenarbeit zwischen Industrie, Politik, Wissenschaft und Bevölkerung«[216] zu erfinden, um auf diese Weise dem Protestbedürfnis der Bürger entgegenzukommen und zugleich ihr Wissen für die bessere Planung von Groß- und Risikoprojekten abzuschöpfen. An die Stelle von Verhandlungen zwischen Experten und Entscheidungsträgern sollten öffentliche Dialoge von Behörden und Bürgern mit den betroffenen Bürgern treten, die nicht zuletzt verlangten, dass »radikale Gegner kompromisswillig, kompromissfähig werden müssen.«[217] Ging es doch darum, »durch Einsicht in die Integrität des anderen aktives Vertrauen zu schaffen.«[218] Zugleich zielte er auf eine »Entkernung« von Großorganisationen, »ihre Öffnung für neue Themen und querliegende Interessen und Herausforderungen«.[219] Zwar hatte er dabei auch »Unternehmens-, Ärzte-, Ingenieurverbände« im Auge, doch hatte die von ihm geforderte »Strukturdemokratisierung«[220] vor allem die Entmachtung jener Organisationen hinaus,

---

213 Giddens war u.a. als Berater des ehemaligen britischen Premiers Anthony Blair tätig.

214 Mouffe, Chantal: Über das Politische. Wider die kosmopolitische Illusion. Frankfurt a.M. 2007, S.65

215 Mouffe, Politische, S.64

216 Beck, Ulrich: Die Erfindung des Politischen. Frankfurt a.M. 1993, S.190

217 Beck, Erfindung, S.191

218 Giddens, Jenseits, S.163

219 Beck, Erfindung, S.226

220 Beck, Erfindung, S.224

die in der Lage sind, die Interessen der großen Masse der abhängig
Beschäftigten zu artikulieren und im besten Falle auch durchzusetzen:
die Gewerkschaften und jene Parteien, die für die sozialen Rechte der
überwiegenden Mehrheit der Bevölkerung eintreten. Die dialogische
Demokratie zielte nicht auf »die Ausbreitung der *Rechte* oder die Ver-
tretung von *Interessen*«[221], sondern wollte genau das Gegenteil: die Auf-
hebung der »Parteilichkeit der Parteien«.[222] In dieser ideologisch ver-
zerrten Perspektive erscheinen alle Problem dadurch lösbar, dass die
»Partner« miteinander sprechen. So erübrigen sich die Gegensätze von
links und rechts scheinbar, weil es zum bestehenden Gesellschaftssys-
tem vermeintlich keine Alternative gibt. »Es gibt diese Art von Konsens in der Mitte, der keine alternativen Optionen kennt. Man will uns
weismachen, dass wir angesichts der Globalisierung nichts mehr tun
könnten. Und deshalb haben sich die meisten sozialdemokratischen
Parteien oder die Arbeiterparteien in Richtung Mitte bewegt. Sie bieten
wirklich nichts grundsätzlich anderes als die Mitte-Rechts-Parteien«,
schreibt die Politikwissenschaftlerin Chantal Mouffe.[223]

Demokratiepolitische Fehler der Linken

Dass auch die Partei Die Linke nicht dagegen gefeit ist, dieser letztlich demokratiegefährdenden Haltung anzuhängen, zeigt die Neigung
einer nicht unbeträchtlichen Anzahl ihrer Spitzenpolitiker nach überparteilichen Lösungen für Probleme zu suchen und dabei die Notwendigkeit von offensiv geführten Klassenauseinandersetzungen aus den
Augen zu verlieren. Nehmen wir das Beispiel Netzpolitik. Das Engagement der damit befassten Linkspolitiker für einen barrierefreien Zugang ökonomisch schlechter gestellter Menschen zum Internet ist zweifellos notwendig und verdienstvoll. Das Demokratieverständnis, von
dem sich die netzpolitische Sprecherin der Bundestagsfraktion, Halina

---

221   Giddens, Jenseits, S. 159

222   Beck, Erfindung, S. 225

223   Mouffe, Demokratie, S. 97 f.

Wawzyniak, dabei leiten lässt, ist allerdings defizitär. Denn es unterscheidet sich um keinen Deut von dem der bürgerlichen Parteien. Die von ihr angeführte »Gewaltenteilung, Meinungs- und Pressefreiheit und das Recht, eine Regierung abzuwählen«[224] bleibt der minimalistischen Demokratiedefinition der liberalen Tradition verpflichtet, innerhalb derer soziale Verbesserungen für die Mehrheit der Bevölkerung zwar nicht ausgeschlossen werden, die Überwindung der Herrschaft des privaten Eigentums und der bürgerlichen Klasse aber nicht vorgesehen ist. Tatsächlich ist »Demokratie« jedoch kein rein formaler, kein wert- oder ideologiefreier Begriff ist, sondern einer, um dessen Bedeutung seit dem späten 18. Jahrhunderts gekämpft wird. Während sich die liberale Konzeption einer Verfahrens- oder Elitendemokratie mittels elaborierter Gewaltenteilungsmodelle und Wahlrechtsgesetze darum bemüht, die Eigentümer möglichst effektiv gegen die Forderungen der abhängig Beschäftigten abzuschotten, zielte der Kampf der lohnabhängigen Schichten auf die gleichberechtigte Teilhabe aller Angehörigen des Gemeinwesens an der Regelung der öffentlichen Aufgaben. »In dieser Konzeption geht es also nicht darum, die besten Regierenden mittels Wahlen zu ermitteln, die am ehesten in der Lage sind das Gemeinwohl zu vertreten, sondern darum, dem Gemeininteresse selbst zum Durchbruch zu verhelfen, dessen Verwirklichung von Herrschafts- und Ungleichheitsstrukturen blockiert werden. Indem die Unterklassen um die Ausweitung von Mitbestimmungsmöglichkeiten, für den Abbau von politischen Diskriminierungen und sozialen Ungleichheitsverhältnissen oder für die Beseitigung der durch die kapitalistische Produktionsweise erzeugten Herrschaftsverhältnisse kämpfen – Veränderungen, die in ihrem eigenen Interesse liegen und dem Interesse exklusiver Eliten widersprechen –, kämpfen sie zugleich auch für die Durchsetzung des im Demokratiebegriff angelegten Gemeininteresses«, schreibt der Politikwissenschaftler David Salomon.[225]

---

224 Wawzyniak, Halina: Demokratie in der digitalen Gesellschaft, in: Ramelow, Bodo / Sitte, Petra / Wawzyniak, Halina / Nitz, Christoph: It's the Internet, stupid. Die Linken und die »Schienennetze« des 21. Jahrhunderts. Hamburg 2011, S. 27

225 Salomon, David: Demokratie. Köln 2012, S. 12

Dass Wawzyniak von diesem genuin linken Demokratieverständnis meilenweit entfernt ist, zeigen die von ihr ausgegebenen Parolen. Statt »Enteignet Springer« soll es nun heißen: »Lernt mit dem Internet umzugehen!«[226] Bodo Ramelow, der Vorsitzende der Linksfraktion im Thüringer Landtag, sieht es ähnlich wie seine Parteifreundin. Sein Verständnis einer vermeintlich linken Netzpolitik macht ihn als Vertreter einer bürgerlichen Konzeption von Zivilgesellschaft kenntlich, die von ihm als Hort der Demokratie gegen Staat und Wirtschaft in Stellung gebracht wird.[227] Für die Linke käme es darauf an, »genau darauf Acht zu geben, dass das Internet vor allem in den Händen der Zivilgesellschaft liegt. Weder staatliche Repression noch wirtschaftliche Übermacht dürfen den Informationsfluss im Netz bestimmen oder gar behindern.«[228] Statt die Zivilgesellschaft, auf deren Boden Konzerne sich ebenso tummeln wie Vereine oder Bürgerinitiativen, als ein Feld der Auseinandersetzung zu begreifen, beschwört Ramelow einen zivilgesellschaftlichen Konsens der Demokraten. Es fragt sich, ob dadurch die tatsächlichen Klassenmachtverhältnisse nicht verschleiert statt offengelegt – und dadurch eben auch befestigt – werden. Dazu passt, dass seine Genossin Wawzyniak der Ansicht ist, dass die innerhalb der »Enquete-Kommission Internet und digitale Gesellschaft« geführten Auseinandersetzungen um wichtige Punkte »eher innerhalb der Parteien und Fraktionen verlaufen werden als in der Enquete.«[229]

---

226 Wawzyniak, Demokratie, S. 32

227 Die Kritik an Ramelow soll dessen Rolle nicht schmälern, die er im Zusammenhang mit dem NSU-Komplex mit seiner Frage nach einer »ordnenden Hand« in den Behörden spielte. Vgl. u. a. Ramelow, Bodo: Schreddern, Spitzeln, Staatsversagen. Wie rechter Terror, Behördenkumpanei und Rassismus aus der Mitte zusammengehen. Hamburg 2013.

228 Ramelow, Bodo: Verhältnis von Internet & Demokratie: Erklärung des Internets zur Privatsache, in: Ramelow, Bodo / Sitte, Petra / Wawzyniak, Halina / Nitz, Christoph: It's the Internet, stupid. Die Linken und die »Schienennetze« des 21. Jahrhunderts. Hamburg 2011, S. 125

229 Wawzyniak, Halina: Internet und digitale Gesellschaft – ein Bericht über die Arbeit der Enquete-Kommission, in: Ramelow, Bodo / Sitte, Petra / Wawzyniak, Halina / Nitz, Christoph: It's the Internet, stupid. Die Linken und die »Schienennetze« des 21. Jahrhunderts. Hamburg 2011, S. 68

Mit diesem defensiven, konfliktscheuen und auf Kooperation statt Konfrontation mit dem politischen Gegner ausgerichteten Demokratieverständnis dürfte es der Linken schwer fallen, in die partizipatorische Offensive zu kommen. Im Kampf um die gleiche Teilhabe aller Menschen am gesellschaftlichen Reichtum und den politischen Entscheidungen lässt sich dadurch nur schwer Boden gewinnen. Die Engführung der von linken Organisationen und Parteien geführten Demokratiediskussion auf das von den Piraten mit großer Unterstützung der Medien und aller anderen Parteien auf die gewissermaßen überparteiliche Agenda[230] gesetzten Themen Netzpolitik[231], Liquid Democray und neue Formen der Bürgerbeteiligung ist eine Sackgasse, aus der heraus der Kampf für eine Verschiebung der Klassenmachtverhältnisse in eine für die abhängig Beschäftigten und sozial Benachteiligten günstige Richtung nur schwer zu führen geschweige denn zu gewinnen sein wird. Ob nun ein stadtentwicklungspolitischer Sprecher der Linksfraktionsfraktion in der Bezirksverordnetenversammlung (BVV) Pankow das BMW Guggenheim Lab als ein potenzielles »Podium für die offene und öffentliche Auseinandersetzung über die politischen und sozialen Entwicklungsprobleme einer Metropole wie Berlin« bei aller Kritik grundsätzlich begrüßt[232], das Führungspersonal der Partei

---

230 Die Einrichtung der Enquete-Kommission »Internet und digitale Gesellschaft« belegt den überparteilichen und jenseits der grundlegenden gesellschaftlichen Konflikte zwischen Kapital und Arbeit geführten Charakter der Diskussion.

231 Nachdem Bodo Ramelow, Petra Sitte und Halina Wawzyniak im November 2010 unter dem Titel »It's the Internet, stupid« einen netzpolitischen Beitrag zur Programmdebatte der Linken beigesteuert und im September 2011 eine Bundesarbeitsgemeinschaft Netzpolitik gegründet hatten, wurde der Bereich im Vorfeld des Parteitags vom Oktober 2011 als linkes Politikfeld definiert und als solches im Parteiprogramm verankert. Unter Netzpolitik versteht die Bundesarbeitsgemeinschaft der Linken vor allem »Fragen des technischen Betriebs und der Steuerung von Kommunikationsnetzen, der Gestaltung und Nutzbarkeit von Inhalten und der neuen Möglichkeiten von politischer und gesellschaftlicher Teilhabe.« (Ramelow, Bodo / Sitte, Petra / Wawzyniak, Halina / Nitz, Christoph: It's the Internet, stupid. Die Linken und die »Schienennetze« des 21. Jahrhunderts. Hamburg 2011, S. 25)

232 So Michail Nelken in einer Presseerklärung vom 4. April 2012.

im merkwürdigen Einklang mit bürgerlichen und rechtskonservativen
Parteienkritikern die Direktwahl von Spitzenpolitikern in die höchs-
ten Staatsämter fordert oder sich Kommunalpolitiker der Partei für
das neoliberal imprägnierte stadtpolitische Leitbild einer »Bürgerkommune«[233] erwärmen: immer hat das mehr mit Anpassung an die
bestehenden Herrschaftsverhältnisse zu tun als mit dem ernsthaften
Versuch, diese zu überwinden. Die betreffenden Linkenpolitiker be-
nehmen sich wie Schmuddelkinder, die nichts weiter wollen, als beim
politischen Gesellschaftsspiel von den politischen Konkurrenten als
Mitspieler akzeptiert zu werden. Ihre eigentliche historische Aufgabe
haben sie dabei längst aus den Augen verloren. Die besteht nach wie
vor in der Veränderung der grundlegenden Spielregeln, nach denen
die Gesellschaft funktioniert.

Demokraten in der Mitmachfalle

Ohne die bereitwillige Kooperation von linken Politikern, Gewerk-
schaftern, Basisaktivisten und sich selbst als progressiv dünkenden So-
zialwissenschaftlern würde die neoliberale Mitmachfalle bei weitem
nicht so gut funktionieren, wie sie es heute tut. Für die Verstrickung
von als links geltenden Intellektuellen seien an dieser Stelle zwei Beispiele genannt, die für viele stehen.

So verdanken wir dem Politikwissenschaftler Carsten Herzberg
einerseits eine zutreffende Kritik am Konzept der Bürgerkommune
und seiner Diskussion innerhalb der Partei Die Linke. Das von ihm
selbst dagegen gesetzte Leitbild der Solidarkommune betont die soziale Komponente und die Notwendigkeit, für ihre Durchsetzung auch
zu kämpfen. So weit kann ich ihm folgen. Andererseits bleibt auch seine Solidarkommune an die Idee einer Bürgergesellschaft gebunden,

---

233 Schon zu Zeiten der PDS war das Leitbild der Bürgerkommune innerhalb
     der Partei umstritten. Während die Berliner PDS sie als eine alternative
     Strategie für die Kommunalpolitik betrachtete, stellten sie andere Mitglie-
     der der Partei in die Nähe des Neoliberalismus, da sie kaum mehr bietet als
     eine Beteiligung an der Mängelverwaltung (vgl. Herzberg, Bürger, S. 58).

in deren Rahmen der Kapitalismus allenfalls etwas menschenfreund-
licher gestaltet, modernisiert, nicht jedoch überwunden werden soll.
Das klingt dann so: »Die Solidarkommune zielt auf die Beteiligung
von Bürgern, welche auf die Etablierung einer vierten Gewalt hinaus-
laufen soll. Damit bürgerorientierte Modernisierung, soziale Gerech-
tigkeit und ökologische Verantwortung gestärkt werden können, bedarf es eines gewissen Maßes an zivilgesellschaftlicher Eigenaktivität,
einer guten Qualität der Deliberation, einer Delegation von Entschei-
dungskompetenzen, Kontrollrechten und Autonomie.«[234] Die lokale
Regierung solle bereit sein, ihre »Macht mit den Bürgern zu teilen«,
die Bürger wiederum dazu, »kooperative Gegenmacht« zu entwickeln,
die »mit der Regierung verhandelt.«[235] Seine »Solidarkommune«
unterscheidet sich in etwa so von der »Bürgerkommune« wie Heiner
Geißlers Vorstellung von Bürgerbeteiligung von der Angela Merkels
oder wie Saul Alinskys liberales Community Organizing von dem,
was die Bürgerplattformen in Deutschland daraus gemacht haben. Bei
allen Unterschieden gleichen sich alle diese Beispiele darin, dass sie
auf das Ziel einer Überwindung des Kapitalismus durch eine wirklich
demokratische Gesellschaft verzichten und sich damit in einem Rahmen bewegen, der beispielsweise von der Bertelsmann Stiftung als
förderungswürdig erachtet wird. Vielleicht sind entsprechende Erwä-
gungen auch für Herzbergs Entscheidung ausschlaggebend gewesen,
mit ihr zu kooperieren[236] und ihre Arbeit gegen berechtigte Einwände
von Kritikern zu verteidigen.[237]

---

234 Herzberg, Bürger, S. 222

235 Herzberg, Bürger, S. 224

236 In einer Publikation der Bertelsmann Stiftung zum Reinhard-Mohn-Preis
     2011 ist Herzberg gleich bei drei Beiträgen als Co-Autor vertreten. Dabei
     tut es nichts zur Sache, dass es sich dabei um Aufsätze handelt, die sich
     mit den progressiveren Varianten des Bürgerhaushalts in Lateinamerika
     befassen. Entscheidend ist, dass er sich, ebenso wie der in dem Buch eben-
     falls prominent vertretene Roland Roth, für die scheindemokratische Sache
     der neoliberalen Stiftung vereinnahmen lässt. Die Veröffentlichung heißt:
     Bertelsmann Stiftung (Hg.): Demokratie vitalisieren – politische Beteiligung
     stärken. Gütersloh 2011

237 Vgl. Herzberg, Bürger, S. 162

Ähnlich verstrickt in die Machenschaften der mächtigen Konzernstiftung ist der Politikwissenschaftler Roland Roth. Das seit Jahrzehnten im fortschrittlichen politischen Spektrum engagierte Gründungs-
mitglied des »Komitees für Grundrechte und Demokratie« glaubt
ausgerechnet in der »Krake Bertelsmann« (Albrecht Müller / Wolfgang Lieb) einen Partner für die Durchsetzung einer partizipativen
Demokratie gefunden zu haben. Roth war 1986 gemeinsam mit dem
marxistischen Staatstheoretiker Joachim Hirsch mit einer Studie über
»Das neue Gesicht des Kapitalismus« hervorgetreten und gehört zu
jenen 50 kritischen Wissenschaftlern, die dazu aufriefen, sich der
Occupy-Bewegung anzuschließen. Vor diesem Hintergrund ist es nur
schwer erklärbar, dass er heute nicht davor zurückschreckt, für die
Bertelsmann Stiftung Expertisen anzufertigen[238], und mit dem Vorstandsmitglied Jörg Dräger sogar einen gemeinsamen Aufsatz publizierte.[239] Auch Roth scheint dem Sog der vorherrschenden Ideen,
nach Marx: den Ideen der Herrschenden, zunehmend zu erliegen,
wenn er heute gute Gründe dafür sieht, »nicht dem schwindenden
Sozialstaat nachzutrauern, dessen Schattenseiten beim Abschied gern
vergessen werden, sondern sich für eine demokratische Wohlfahrtsge-
sellschaft einzusetzen, die das spezifische Gewicht der Zivilgesellschaft
stärkt, indem sie den Individuen und ihren freiwilligen Zusammen-
schlüssen größere Selbstbestimmung und Selbstbestimmungsmöglich-
keiten eröffnet«.[240] Das klingt verdächtig nach jenem den neuen sozialen Bewegungen entlehnten Jargon, mit dem grüne Politiker an der
Seite von Gerhard Schröder ihrer Klientel in den neunziger Jahren
den Abriss des Sozialstaates schmackhaft machten.

Am Beispiel der Gewerkschaften hat Wolfgang Lieb auf dem von
ihm und dem sozialdemokratischen Urgestein Albrecht Müller, ehemaliger Planungschef im Bundeskanzleramt unter Brandt und Schmidt

---

238   So die Expertise »Handlungsoptionen zur Vitalisierung von Demokratie«
      (Gütersloh 2009)

239   Und zwar in der Bertelsmann-Publikation »Demokratie vitalisieren – poli-
      tische Teilhabe stärken« (Gütersloh 2011)

240   Roth, Roland: Bürgermacht. Eine Streitschrift für mehr Partizipation. Edi-
      tion Körber-Stiftung, Hamburg 2011, S. 245

(SPD), betriebenen Internetportal *Nachdenkseiten* darauf hingewiesen, wie gefährlich es für die Demokratie in Deutschland ist, wenn Leute, die vorgeben auf der Seite der abhängig Beschäftigten zu stehen, sich ausgerechnet mit der mit der Bertelsmann Stiftung in ein Boot setzen. So habe der DGB in Nordrhein-Westfalen und sein Vorsitzender mit der Stiftung bei einem Programm kooperiert, das sich unter neoliberalen Prämissen für eine »nachhaltige« kommunale Haushalts- und Finanzpolitik stark machte. Hinter der Stiftung, so Lieb, steckt die »private institutionelle Macht des Reichtums, die streng hierarchisch organisiert ihren Einfluss über das gesamte politische System ausdehnt, unter dem beschönigenden Etikett eines »zivilgesellschaftlichen Engagements« die demokratisch legitimierte Machtverteilung zwischen Verbänden, Parteien, Parlamenten und Exekutive unterwandert und gleichzeitig mit der Medienmacht des Bertelsmann Konzerns die öffentliche Meinung prägt«.[241] Für die Stiftung ist die Mitarbeit von Wissenschaftlern, die als unabhängig, kritisch und linksorientiert gelten, wichtig, um sich der Öffentlichkeit als ein über den Parteien schwebendes, gemeinnütziges und für fortschrittliche Perspektiven offenes Denklabor darstellen zu können.

Für die Bertelsmänner und die mit ihnen kooperierenden Wissenschaftler mag sich aus der Zusammenarbeit eine Win-Win-Situation ergeben, ein Arbeitsverhältnis, von dem beide Seiten Vorteile zu haben glauben. Für die Suche nach demokratischen Alternativen zur kapitalistischen Herrschaft ist diese Konstellation jedoch fatal. Die wirklich zentralen Fragen nach der Verteilung gesellschaftlicher Macht bleiben nämlich ausgeklammert. Man trifft sich bei der Gestaltung von Bürgerforen oder versucht, Schulkinder für Beteiligungsprojekte zu begeistern. Das kann im Einzelnen durchaus seine Berechtigung haben. Wird der gesellschaftliche Herrschaftszusammenhang dabei jedoch ausgeblendet, können solche Projekte einen Beitrag zur Legitimation der bestehenden Verhältnisse leisten, ohne dass die Beteiligten das im Sinn gehabt haben müssen. Wie ökonomische Prozesse demokratisch gesteuert werden können, welche Eigentumsformen mit

---

241 www.nachdenkseiten.de/wp-print.php?p=2425

dem Anspruch gleicher politischer Beteiligung überhaupt vereinbar sind oder wie Betriebe demokratisch organisiert werden können: Diese entscheidenden Fragen für eine umfassende Demokratisierung der Gesellschaft werden überhaupt nicht berührt.

Wer sich wie Roland Roth auf die zweifellos wichtige und sogar unverzichtbare Kritik an staatlicher Repression versteift und darüber die Arbeit an realen Alternativen zur geballten Macht des Kapitals vernachlässigt, gerät leicht selbst in neoliberales Fahrwasser. Dass auch Akteure, die dem anarchistischen Spektrum entstammen, nicht davor gefeit sind, in die Mitmachfalle zu tappen, zeigt das folgende Beispiel. Ausgerechnet die in der Szene hoch angesehene Werkstatt für Gewaltfreie Aktion Baden initiierte gemeinsam mit dem Friedensbildungswerk Köln und in Kooperation mit der Heinrich-Böll-Stiftung im April 2012 eine Tagung, in der es darum ging, Schlichtungsverfahren zu verbessern. »Sie kommt zum Fazit: den Vermittlungsweg einzuschlagen war an sich richtig, er wurde nur fehlerhaft durchgeführt. Nach dem Motto: Es beim nächsten Mal besser machen! empfehlen die Initiatoren die Politische Mediation als Alternative zur Schlichtung à la Geißler.«[242] Damit wagen sie sich kaum weiter, als es der Modernisierer aus dem Unionslager mit seinen im Anschluss an das Schlichtungsverfahren gemachten Vorschlägen bereits getan hatte. Aufschlussreich für die politische Ausrichtung der ganzen Veranstaltung ist der Name einer Teilnehmerin: Mit Gisela Erler, der Staatsrätin für Zivilgesellschaft und Bürgerbeteiligung in Baden-Württemberg, war eine Person mit dabei, die ganz persönlich für eine neoliberale Ausrichtung der Beteiligungsverfahren steht.

Die demokratische Alternative

Für den Sozialwissenschaftler Ingolfur Blühdorn zeugt die allgegenwärtige Begeisterung für neue Beteiligungsformen von einem Formwandel der Demokratie, die weniger mit der Emanzipation der vielen als mit

---

242 Besalino, Trick 17, S. 11

der Weiterentwicklung von Herrschaftstechniken durch das politische Establishment zu tun hat: »Charakteristisch für diese Formen des Regierens ist, dass sie wesentliche Forderungen der partizipatorischen Revolution und ihrer ›neuen Politik‹ aufnehmen, nämlich das Prinzip der Dezentralisierung und Subsidarität sowie das Prinzip der verstärkten Bürgerbeteiligung. Entsprechend können sie als Maßnahmen der fortschreitenden Demokratisierung dargestellt werden. Sie pervertieren die Forderungen der emanzipatorischen Bewegungen aber insofern, als mit der Übertragung von Verantwortlichkeit für die konkrete Politikimplementierung in der Regel weder die Freiheit zu grundlegenden strukturellen Entscheidungen noch eine wirklich ermächtigende Finanzausstattung einhergeht.«[243] In seiner 2013 veröffentlichten gesellschaftstheoretischen Skizze »Simulative Demokratie« begreift der in Großbritannien an der Universität Bath wirkende Forscher die neuen Beteiligungsformen in erster Linie als »Praktiken der gesellschaftlichen Selbstillusionierung«[244], die darüber hinwegtäuschen, dass sich die Demokratie »von einem progressiven in ein reaktionäres Instrument«[245] verwandelt. Wobei es sich dabei im strengen Sinne nicht um einen Prozess der Entdemokratisierung, sondern um eine Weiterentwicklung der Demokratie handle. »Postdemokratische Partizipation bedeutet wesentlich Inklusion in die Exklusionspolitik, kooptierte Teilhabe an der Marginalisierungspolitik, *Demokratisierung* der Politik der zunehmenden Ungleichheit.«[246] Für das Regierungshandeln unter neoliberalen Bedingungen ist bürgerschaftliche Partizipation sowohl Hindernis als auch Ressource. Blühdorn dazu: »Sie ist ein Hindernis, insofern sie Normen in den entpolitisierten Verwaltungsbetrieb einbringt, die der möglichst effizienten Umsetzung der Systemimperative, des Alternativlosen, des Expertenrates, im Wege stehen (...). Sie ist eine Ressource, wenn sie (a) eine Quelle von Wissen bietet, das den Regierenden nütz-

---

243 Blühdorn, Ingolfur: Simulative Demokratie. Neue Politik nach der postdemokratischen Wende. Frankfurt a. M. 2013, S. 264 f.

244 Blühdorn, Demokratie, S. 256

245 Blühdorn, Demokratie, S. 261

246 Blühdorn, Demokratie, S. 203

lich ist, (b) den Entscheidungsträgern und den an der Umsetzung beteiligten Institutionen Verantwortung abnimmt, (c) ein Instrument der
Kostenersparnis darstellt und / oder (d) den Vollzug des Expertenrates oder des angeblich Alternativlosen zusätzlich mit demokratischer
Legitimation ausstattet. Längst hat sich schließlich die Einsicht durchgesetzt, dass ein umfassendes Maß an zivilgesellschaftlicher Partizipation die Umsetzbarkeit, Effizienz und Legitimität der öffentlichen
Verwaltung erheblich verbessern kann. Entsprechend bemühen sich
politische Entscheidungsträger, bestehende Möglichkeiten zur demokratischen Mitsprache überall dort abzubauen, wo sie der Effizienz der
öffentlichen Verwaltung politisierend oder problematisierend im Wege
stehen und die Exekutive oder das Management im Namen der Innovations- oder Wettbewerbsfähigkeit mehr Rechte und Handlungsfreiheit fordert (z. B. in der Hochschulpolitik oder bei verschiedenen Formen von Genehmigungsverfahren). Umgekehrt werden aber solche
Beteiligungsformen, die mit der Logik der etablierten Ordnung konform gehen und eine Steigerung der Systemrationalität versprechen,
nachdrücklich gefördert.«[247] Deutlich arbeitet der Sozialwissenschaftler heraus, dass diese Form der Demokratisierung vornehmlich einen
kompensatorischen Zweck erfüllt. In dem Maße, wie die wichtigsten
politischen Entscheidungen nach scheinbar objektiven ökonomischen
Maßgaben als alternativlos dargestellt werden, erscheint es notwendig,
den Bürgern immer neue Möglichkeiten demokratischen Mittuns zu
eröffnen. Kennzeichen dieser modernen, partizipativen Erscheinungsform der Demokratie ist, dass sie auf diese Weise subjektiv erlebbar
mache, was die neoliberale Entwicklung an demokratischen Verfahren
bereits ausgehöhlt hat. »Im Idealfalle könnte die Umsetzung der angeblich alternativlosen Systemimperative und der zur metaphysischen
Norm verklärten Effizienz vollständig *demokratisiert* werden.«[248]

Blühdorns Befund stützt die in dieser Streitschrift entwickelte These einer partizipatorischen Mitmachfalle. Politische Ratschläge oder
Handlungsanweisungen will der Sozialwissenschaftler aber nicht ge

247 Blühdorn, Demokratie, S. 201

248 Blühdorn, Demokratie, S. 201

ben. Daher bleibt die Frage, was aus all dem für die politische Praxis zu lernen ist. Ganz sicher eines: Statt sich die Bürgergesellschaftsideologie zu eigen zu machen, müssen progressive Kräfte beim Kampf um die Zivilgesellschaft in die Offensive kommen. Zuallererst dadurch, dass sie der Simulation demokratischer Mitbestimmung durch die privatwirtschaftlich finanzierte und staatlich geförderte Beteiligungsindustrie energisch entgegentreten.

Wenn die neoliberale Ideologie sich darauf stützt, den Menschen weismachen zu wollen, dass die gesellschaftlichen Verhältnisse nur so sein können, wie sie nun einmal sind, ist das Beharren darauf, dass es den Konflikt zwischen Kapital und Arbeit, dass es Klassen mit einander entgegengesetzten Interessen gibt, der erste Schritt, um im Kampf um echte Demokratie Raum zu gewinnen. Nur indem sich die Bürgerinitiativbewegung gegen die Erweiterung des Frankfurter Flughafens weigerte, den von Regierung und privaten Unternehmen vorgesehenen Weg der Mediation zu gehen, konnte der in den siebziger Jahren begonnene Kampf bis in das zweite Jahrzehnt des 21. Jahrhunderts hinein fortgesetzt werden. Daran mag man sich 2013 in der Anti-Atom-Bewegung erinnert haben, als sich Gruppen wie Greenpeace, der BUND oder »ausgestrahlt« einem Dialogangebot des CDU-geführten Bundesumweltministeriums widersetzten. Unter der Überschrift »Fünf Minuten mitreden« titelte die Süddeutsche Zeitung im Mai: »Ein Symposium soll nächste Woche die Öffentlichkeit am Endlagersuchgesetz beteiligen. Doch die größten Kritiker kommen nicht«[249]. Die Zustimmung zum Schlichtungsverfahren bei »Stuttgart 21« war auf der anderen Seite – zumindest vorläufig – der Anfang vom Ende einer machtvollen Bewegung gegen das Bahnprojekt. »Alles das, was die Protestbewegung an politischem Druck und Widerstandskraft gegen S 21 aufgebaut hatte, wurde von der Schlichtung zunichte gemacht.«[250] Ein Autor aus dem Umfeld der neuen sozialen Bewegungen zieht daraus die meines Erachtens richtige Konsequenz für den Umgang mit Politischen Mediationen und anderen Spielarten einbindender Beteiligungsverfahren:

249 Süddeutsche Zeitung, 22.05.2013, S. 5
250 Besalino, Trick 17, S. 10

»Es geht darum, diesen Verfahren die Zustimmung zu entziehen. Statt dass Beteiligungsverfahren immer weiter mit schönen Worten aufgeladen werden und neue Hoffnungen in aussichtslose Wege kultiviert werden, sollte auf Seiten der Sozialen Bewegungen eine Diskussion über deren politische Implikationen geführt werden.«[251]

Inwiefern es dafür sinnvoll sein kann, sich auch innerhalb der von der Beteiligungsindustrie bereitgestellten Mitmachforen zu artikulieren, ist eine Frage, die nur in der Praxis, am konkreten Fall erörtert werden kann. Womöglich lassen sich in dem einen oder andern Fall die zur Einbindung der Bürgerproteste gedachten Verfahren umdrehen und zum Zwecke der Aufklärung und Gegenmobilisierung nutzen. Dafür ist es jedoch notwendig, dass der Widerstand einen stabilen eigenen Organisationskern entwickelt hat, von dem aus er seine Ideen und Interventionen entwickeln kann. Chantal Mouffe hat daran erinnert, dass es notwendig ist, den Gegner zu erkennen und zu benennen, wenn es gelingen soll, sich im zivilgesellschaftlichen Kampf um die Demokratie durchzusetzen. Und zwar auch dann, wenn man sich, wie sie selbst, »auf Distanz zur leninistischen Tradition des totalen revolutionären Bruchs«[252] begeben wollte. Da Mouffe die entscheidende Rolle der ökonomischen Macht bei der Strukturierung einer Herrschaftsordnung anerkennt, bedeutet die Radikalisierung der Demokratie auch in ihrer Perspektive eben die Veränderung dieser bestehenden Machtstrukturen. Wer wirklich substanziell mehr Demokratie will, darf sich nicht auf die Forderung nach mehr Teilhabe an den im engeren Sinne politischen Institutionen beschränken. Nur wenn darüber hinaus der gesellschaftlich produzierte Reichtum, das Eigentum an den Produktionsmitteln und die ökonomischen Entscheidungen dem Demokratieprinzip zugänglich gemacht werden, kann die Sache der Partizipation wirklich vorangebracht werden. Basisinitiativen wie der Berliner Energietisch, der 2013 mit der Forderung nach einem »Volksbegehren über die Rekommunalisierung der Berliner Energieversorgung« in Erscheinung trat, weisen grundsätzlich in die richtige

---

251   Besalino, Trick 17, S. 11
252   Mouffe, Demokratie, S. 71

Richtung, wenn sie die Eigentumsfrage stellen und fordern, dass die Bürger »sich an der Gestaltung ihrer Energieversorgung beteiligen können. Neben der Direktwahl von Teilen des Verwaltungsrates sind weitgehende Mitbestimmungsrechte wie z.B. ein Initiativrecht vorgesehen.«[253] Konsequent im Sinne einer sozialen Demokratie sind solche im Ansatz progressiven Bemühungen jedoch nur dann, wenn sie auch die Interessen der dann in einem solchen kommunalen Unternehmen abhängig Beschäftigten nicht aus den Augen verlieren.

Um in längerer Perspektive wirklich eine neue Qualität demokratischer Beteiligung zu erreichen, bedarf es in den Worten des Bielefelder Staatsrechtler Andreas Fisahn neben der Erweiterung der repräsentativen Demokratie zu einer stärker dezentralisierten und partizipatorischen Demokratie noch einiges mehr. Die heute noch »politisch halbierte Demokratie« muss »aus der Sphäre des Politischen in die bisher geschiedene Sphäre des Ökonomischen« erweitert werden.[254] Soziale und ökonomische Prozesse müssen demokratisch kontrolliert und gesteuert werden. Nur so kann die demokratiefeindliche Abspaltung der Wirtschaft von der Gesellschaft überwunden werden. Der Schweizer Gewerkschaftsintellektuelle Beat Ringger spricht in diesem Zusammenhang von einer »demokratischen Bedarfswirtschaft«.[255] Um auf dem Weg zu diesem Ziel an Land zu gewinnen, ist die Bündelung der Gegenkräfte für die gesellschaftliche Linke das Gebot der Stunde. »Entscheidend für die Zukunft der Demokratie wird sein, ob es gelingt ihre Proteste und Aktionen in einer neuen Bewegung der Unterklassen zu bündeln, deren Forderungskatalog nicht vor der Infragestellung bürgerlichen Eigentums an den Produktionsmitteln halt macht.«[256] Ob und wie solch ein Aufbruch zu tatsächlich mehr Demokratie klappen wird, ist zur Stunde noch offen.

253 www.berliner-energietisch.net

254 Fisahn, Andreas: Die Demokratie entfesseln, nicht die Märkte. Argumente für eine postkapitalistische Wirtschaft und Gesellschaft. Köln 2010, S. 203 ff.

255 Ringger, Beat: Maßt euch an! Auf dem Weg zu einem offenen Sozialismus. Münster 2011, S. 92

256 Salomon, Demokratie, S. 127

12.
Die europäische Dimension

Ein Ausblick zum Schluss

Der von Stiftungen und Intellektuellen vorbereitete und von politischen Strategen eingeleitete Umbau der Bundesrepublik zu einer pseudodemokratischen Mitmachrepublik wird zunehmend auch als ein Modell für die Bewältigung der Repräsentationskrise der Europäischen Union betrachtet. Das allseits konstatierte Demokratiedefizit, das mit einer »Vertiefung der Union«, der Einrichtung der »Vereinigten Staaten von Europa« oder gar eines europäischen »Imperiums«[257] noch wachsen dürfte, soll durch den Ausbau von Beteiligungsverfahren kaschiert werden. Durch scheindemokratische Anbauten kann die Existenz undemokratischer Entscheidungsverfahren vielleicht verschleiert, keinesfalls jedoch behoben werden. Augenfällig ist das der Fall bei dem von Ulrich Beck und Daniel Cohn-Bendit initiierten und mittlerweile von zahlreichen Intellektuellen gezeichneten Manifest »Wir sind Europa!«. Das darin geforderte »Freiwillige Europäische Jahr für alle« ist gerade nicht, wie behauptet, »das Gegenmodell zum Europa von oben«, auch kein »Selbstbegründungsakt der europäischen Bürgergesellschaft«, sondern der Versuch, der von den beiden

---

257 Der Politikwissenschaftler Herfried Münkler war einer der ersten, die den Deutschen die Aussicht auf ein imperiales Europa schmackhaft zu machen versucht haben: Münkler, Herfried: Imperien. Die Logik der Weltherrschaft – vom Alten Rom bis zu den Vereinigten Staaten. Berlin 2005

andernorts geforderten Imperialmacht Europa[258] einen bürgernahen
Anstrich zu verleihen. Um die Legitimation zentralistischen Regierens, nicht um mehr Entscheidungsmacht für die breite Bevölkerung
geht es offensichtlich auch bei dem unter anderem von Guido Wester-
welle (FDP) und Wolfgang Schäube (CDU) vorgetragenen Vorschlag,
den EU-Kommissionspräsidenten künftig direkt wählen zu lassen (vgl.
Die Zeit, Nr. 44, 25.10.2012, S. 2). Mit mehr Demokratie hat das freilich
nichts zu tun, denn die Einführung der Direktwahl von Spitzenpolitikern, Regierungschefs und Staatsoberhäuptern zielt im bürgerlichen
Machtkalkül gerade nicht auf mehr substanzielle Teilhabe der Bevölkerung an der Regulierung der gesellschaftlichen Angelegenheiten,
sondern auf die tendenzielle Entmachtung von Parteien, also jener
Organisationen, durch die auch die Interessen der abhängig Beschäftigten und der sozial benachteiligten Schichten parlamentarisch zur
Geltung gebracht werden können.

Schon die flächendeckende Einführung der Direktwahl der Bürgermeister in der Bundesrepublik war deshalb in den Augen des
Bielefelder Staatsrechtlers Andreas Fisahn keineswegs Ausweis einer
fortschreitenden Demokratisierung, sondern der Beleg für eine auto-
kratische Tendenz, die in den Parlamenten frei nach Carl Schmitt
kaum mehr als »Quasselbuden« sehen will. Auffällig ist, dass die
charismatische Aufladung einer solch zentralen Führungsfigur deutschen Spitzenpolitikern fast siebzig Jahre nach der Befreiung vom
Faschismus überhaupt wieder als eine wünschenswerte Option erscheint. Waren in der Geschichte der Bundesrepublik Vorschläge zur
Direktwahl des Bundespräsidenten meist dem Verweis auf den auto-
kratischen Machtmissbrauch durch den Weimarer Reichspräsidenten
Hindenburg als politisch zu riskant abgewehrt worden, spielen sie bei
der forcierten Selbstentmachtung der bundesdeutschen Parlamenta-
rier zugunsten einer plebiszitär legitimierten europäischen Führungsfigur anscheinend keine Rolle mehr. Würde der Präsident der EU-

---

258   Vgl. Beck, Ulrich / Grande, Edgar: Das kosmopolitische Europa. Frankfurt
      a. M. 2004. Cohn-Bendit, Daniel / Verhofstadt, Guy: Für Europa! Ein Mani-
      fest. München 2012

Kommission demnächst direkt gewählt werden, dann liefe das mit
an Sicherheit grenzender Wahrscheinlichkeit nicht auf eine Stärkung
des Parlaments hinaus. Viel mehr würde es strukturell noch weiter
geschwächt.

Auch die im Vertrag von Lissabon vorgesehene europäische
Bürgerinitiative (EBI) und die Praxis der Konsultation der »Zivilgesellschaft« durch die Europäische Kommission und ihre Direktorate
bringen nach Einschätzung kompetenter Beobachter kein mehr an
Demokratie. »Für einen Gesetzesvorschlag von mindestens sieben
Bürgerinnen und Bürgern aus mindestens sieben Staaten bedarf es
nach Zulässigkeitsprüfung der Kommission innerhalb eines Jahres
mindestens eine Millionen Unterschriften aus mindestens sieben Mit-
gliedsstaaten, gewichtet nach Quoten (degressiver Progression). Im
Erfolgsfall erfolgt daraufhin eine Anhörung der Initiatoren im EU-
Parlament und auch direkt mit der Kommission. Danach darf die
Kommission entscheiden, ob sie den Vorschlag übernimmt und ein
Gesetzgebungsverfahren einleitet oder nicht«,[259] schreibt der 2012
verstorbene Politikwissenschaftler Michael Th. Greven. Und Beate
Kohler-Koch kommt auf der Grundlage von eigenen empirischen
Untersuchungen zu verschiedenen partizipativen Verfahren inner-
halb der EU zu dem Schluss: »Leider muss ich mit einem skeptischen
Unterton schließen: zivilgesellschaftliche Partizipation, ziviler Dialog
und Europäische Bürgerinitiative wurden als Beitrag zur Demokra-
tisierung der EU gepriesen. Tatsächlich funktionieren sie nach den
Vorgaben einer europäisch ausgerichteten Elite und befördern die
Zentralisierung der Macht, deren Kontrolle dem Bürger immer mehr
entgleitet.«[260]

---

259 Greven, Michael Th.: Die Mitwirkung der Bürger an der europäischen In-
     tegration, in: Vorgänge, Heft 3, September 2012, S. 57 f.

260 Kohler-Koch, Beate: Perspektiven zivilgesellschaftlicher Partizipation in
     der EU, in: Vorgänge, Heft 3, September 2012, S. 72

Danksagung

Ohne den Zuspruch, die Unterstützung und den Rat vieler Freunde und Freundinnen, Kolleginnen und Kollegen wäre dieses Buch nicht das geworden, was es jetzt ist. Als besonders glücklich erwies sich der Umstand, dass ich in den vergangenen Jahren eine ganze Reihe von Argumenten auf verschiedenen öffentlichen Veranstaltungen vorstellen durfte. Insbesondere danke ich Sonja Ablinger, die mir die Gelegenheit verschaffte, meine Thesen 2013 im Rahmen der Frühlingswerkstatt der SPÖ in Oberösterreich zu diskutieren sowie der Redaktion der Berliner Zeitschrift *Mieterecho*. Wesentliche Teile des Textes greifen auf Artikel zurück, die ich an ganz verschiedenen Orten publiziert habe. Einige Kapitel und Interviews sind zuvor in nur geringfügig anderer Form in der Tageszeitung *junge Welt* und im Nachrichtenmagazin *Hintergrund* publiziert worden. Ich danke den Redakteurinnen und Redakteuren dieser Publikationen sowie denen der *Zeitschrift Marxistische Erneuerung*, der *Vorgänge*, der *WoZ*, der *taz*, der *Zeit*, des *Mieterechos* und der *graswurzelrevolution* für den Platz, den sie mir eingeräumt haben, um meine Argumente zu entfalten. Insbesondere danke ich den Kolleginnen und Kollegen Regine Naeckel, Andreas Hüllinghorst, Stefan Huth und Arnold Schölzel. Die Anregungen, Hinweise und gelegentlich auch der Widerspruch von Michael Zander, Corinna Garling, Henrique Ricardo Otten, Reinald Döbel und vielen anderen haben mir dabei geholfen, meine Gedanken in die nun vorliegende Form zu bringen.

Literatur

Alinsky, Saul: Rebell trifft ›Playboy‹, Saul Alinsky im Gespräch mit Eric Norden, in: Penta, Leo: Vision braucht Fahrpläne, in: Penta, Leo (Hg.): Community Organizing. Menschen verändern ihre Stadt. Hamburg 2007, S. 19-39

Beck, Ulrich / Grande, Edgar: Das kosmopolitische Europa. Frankfurt a. M. 2004.

Beck, Ulrich: Die Erfindung des Politischen. Frankfurt a. M. 1993

Bertelsmann Stiftung (Hg.): Demokratie vitalisieren – politische Beteiligung stärken. Gütersloh 2011

Besalino: Trick 17 mit Selbstüberlistung. Warum die Beteiligung an der Schlichtung zu S 21 ein Fehler war und wieso die Politische Mediation keine Alternative ist, in: graswurzelrevolution, Heft 373, November 2012

Blühdorn, Ingolfur: Simulative Demokratie. Neue Politik nach der postdemokratischen Wende. Frankfurt a. M. 2013

Blumenthal, Sebastian: Digitale Bürgerbeteiligung im Deutschen Bundestag, in: Jung + Liberal. Das Mitgliedermagazin für die Jungen Liberalen. 4/2011, S. 13-14

Bogumil, Jörg / Holtkamp, Lars: Bürgerkommune konkret. Vom Leitbild zur Umsetzung. Bonn 2002

Boltanski, Luc / Chiapello, Ève: Der neue Geist des Kapitalismus. Konstanz 2006

Borchard, Michael: »Volksdemokratie« in Deutschland? Eine kleine kritische Kulturgeschichte der direkten Demokratie, in: Die Politische Meinung, Nr. 498, Mai 2011, S. 14-18

Brettschneider, Frank: Kommunikation und Meinungsbildung bei Großprojekten, in: APuZ, 44-45/2011, S. 40-46

Bundesministerium für Familie, Senioren, Frauen und Jugend (HG): Erster Engagementbericht 2012

Bürsch, Michael: Zivilgesellschaft, Parteien, Demokratie, in: Friedrich-Ebert-Stiftung (Hg.): Die Bürgergesellschaft in der Diskussion. Bonn 2002, S. 43-45

Chambers, Ed: »Roots for Radicals«, in: Penta, Leo (Hg.): Community Organizing. Menschen verändern ihre Stadt. Hamburg 2007, S. 69-86

Cohn-Bendit, Daniel/Verhofstadt, Guy: Für Europa! Ein Manifest. München 2012

Dahrendorf, Ralf: Die künftigen Aufgaben des Liberalismus – eine politische Agenda. Themenbericht, Kongress der Liberalen Internationale, Pisa, September 1988. Friedrich-Naumann-Stiftung für die Freiheit. 2. Aufl., Berlin 2012

Dettling, Warnfried: Sicherheit und Anerkennung – Der Sozialstaat an den Grenzen der Umverteilung, in: Pfeiffer, Ulrich (Hg.): Eine neosoziale Zukunft. Wiesbaden 2010

Dettling, Warnfried: Eine neue Dimension von Demokratie, in: Penta, Leo (Hg.): Community Organizing. Menschen verändern ihre Stadt. Hamburg 2007, S. 89-98

Fisahn, Andreas: Die Demokratie entfesseln, nicht die Märkte. Argumente für eine postkapitalistische Wirtschaft und Gesellschaft. Köln 2010

Fisahn, Andreas: Herrschaft im Wandel. Überlegungen zu einer kritischen Theorie des Staates. Köln 2008

Frantz, Constantin: Luis Napoléon. Masse oder Volk. Wien/Leipzig 1990

Frick, Lothar: Vorbild für eine neue Form des Dialogs? Die Schlichtung zu Stuttgart 21: Eskalation und Deeskalation eines Konflikts, in: Die Politische Meinung, Nr. 498, Mai 2011, S. 19-23

Friebe, Holm und Sascha Lobo: Wir nennen es Arbeit. Die digitale Bohème oder: Intelligentes Leben jenseits der Festanstellung. München 2006

Friedrich-Ebert-Stiftung (Hg.): Die Bürgergesellschaft in der Diskussion. Bonn 2002

Gauck, Joachim: Vorwort, in: Giesa, Christoph: Bürger, Macht, Politik. Frankfurt a. M./New York 2011

Geißler, Heiner: Sapere aude! Warum wir eine neue Aufklärung brauchen. Berlin 2012

Giddens, Anthony: Jenseits von Links und Rechts. Frankfurt a. M. 1997

Giddens, Anthony: Der dritte Weg. Die Erneuerung der sozialen Demokratie. Frankfurt a. M. 1999

Giesa, Christoph: Elite im Hamsterrad. Manifest für einen Neuanfang der kreativen Klasse. Hamburg 2010

Giesa, Christoph: Bürger. Macht. Politik. Frankfurt a. M./New York 2011

Goehler, Adrienne: Verflüssigungen. Wege und Umwege vom Sozialstaat zur Kulturgesellschaft. Frankfurt a. M./New York 2006

Gohl, Christopher: Bürgergesellschaft als politische Zielperspektive, in: Aus Politik und Zeitgeschichte, 06-07/2001, S. 5 -11

Gohl, Christopher: Organisierte Dialoge als Strategie. Gütersloh 2010

Gohl, Christopher / Meister, Hans: Mediation und Dialog bei Großprojekten. Frankfurt a. M. 2012

Graeber, David: Inside Occupy. Frankfurt a. M./New York 2012

Greven, Michael Th.: Die Mitwirkung der Bürger an der europäischen Integration, in: Vorgänge, Heft 3, September 2012, S. 53-59

Herzberg, Carsten: Von der Bürger- zur Solidarkommune. Lokale Demokratie in Zeiten der Globalisierung. Hamburg 2009

Hinterhuber, Eva Maria / Möller, Simon: Kopiert, kommerzialisiert, kooptiert: die Aneignung von Partizipationsformen jenseits der Konventionen durch Wirtschaftsakteure, in: Nève, Drothée de / Olteanu, Tina (Hg.): Politische Partizipation jenseits der Konventionen. Opladen/Berlin/Toronto 2013, S. 205-230

Höhler, Gertrud: Die Patin. Wie Angela Merkel Deutschland umbaut. Zürich 2012

Horx, Matthias: Wie wir leben werden. Unsere Zukunft beginnt jetzt. Frankfurt a. M./New York 2005

Kohler-Koch, Beate: Perspektiven zivilgesellschaftlicher Partizipation in der EU, in: Vorgänge, Heft 3, September 2012, 60-73

Kravagna, Christian: Arbeit an der Gemeinschaft. Modelle partizipatorischer Praxis, in: Babias, Marius / Könneke, Achim (Hg.): Die Kunst des Öffentlichen. Dresden 1998, S. 28-46

Losurdo, Domenico: Demokratie oder Bonapartismus. Triumph und Niedergang des allgemeinen Wahlrechts. Köln 2008

Maruschke, Robert: Community Organizing – Zwischen Bürgerplattformen und revolutionärer Perspektive, Holm, Andrej (Hg.): Reclaim Berlin. Soziale Kämpfe in der neoliberalen Stadt. Berlin/Hamburg 2012

Maschke, Günter: Der Cäsar als perfektionierter Louis Philippe, in: Romieu, Auguste: Der Cäsarismus. Das rote Gespenst. Wien/Leipzig 1993, S. 172-179

Mattern, Philipp: Bürgerbeteiligung bizzar, in: Mieterecho, Nr. 353, März 2012, S. 10f.

Mattern, Philipp / Wehrle, Hermann: Mehr Demokratie wagen? Warum Bürgerbeteiligung kritisch zu betrachten ist, in: Mieterecho, Nr. 354, März 2012, S. 4f.

Meister, Hans-Peter / Gohl, Christopher: Mediation und Dialog bei Großprojekten. Frankfurt a. M. 2012

Menger, Pierre-Michel: Kunst und Brot. Die Metamorphosen des Arbeitnehmers. Konstanz 2006

Merkel, Angela (Hg.): Dialog über Deutschlands Zukunft. Hamburg 2012

Mouffe, Chantal: Demokratie auf dem Prüfstand (Gespräch mit M. Miessen), in: Miessen, Markus: Albtraum Partizipation. Berlin 2012, S. 88-140

Mouffe, Chantal: Über das Politische. Wider die kosmopolitische Illusion. Frankfurt a. M. 2007

Münkler, Herfried: Imperien. Die Logik der Weltherrschaft – vom Alten Rom bis zu den Vereinigten Staaten. Berlin 2005

Oellerich, Joachim: Die Verbesserung Neuköllns. Bürgerplattform Neukölln als religiös motivierte Interessenvertretung, in: Mieterecho 353, März 2012, S. 14

Penta, Leo: Vision braucht Fahrpläne, in: Penta, Leo (Hg.): Community Organizing. Menschen verändern ihre Stadt. Hamburg 2007a, S. 7-15

Penta, Leo: Die Macht der Solidarität, in: Penta, Leo (Hg.): Community Organizing. Menschen verändern ihre Stadt. Hamburg 2007b, S. 99-108

Penta, Leo / Sander, Susanne: Community Organizing und Bürgergesellschaft, in: Forschungsjournal NSB, Jg. 20, 2/2007, S. 161-165

Ramelow, Bodo / Sitte, Petra / Wawzyniak, Halina / Nitz, Christoph: It's the Internet, stupid. Die Linken und die »Schienennetze« des 21. Jahrhunderts. Hamburg 2011

Ramelow, Bodo: Verhältnis von Internet & Demokratie: Erklärung des Internets zur Privatsache, in: Ramelow, Bodo / Sitte, Petra / Wawzyniak, Halina / Nitz, Christoph: It's the Internet, stupid. Die Linken und die »Schienennetze« des 21. Jahrhunderts. Hamburg 2011, S. 117-126

Ringger, Beat: Maßt euch an! Auf dem Weg zu einem offenen Sozialismus. Münster 2011

Roleff, Daniel: Digitale Politik und Partizipation: Möglichkeiten und Grenzen, in: Aus Politik und Zeitgeschichte, 07/2012, S. 14-20

Roski, Steffen: Konzern – Macht – Politik – Wissen. Sozialwissenschaften als Hilfskräfte in Bertelsmanns »Reformwerkstatt«, in: Jens Wernicke und Torsten Bultmann (Hg.): Netzwerk der Macht – Bertelsmann. Der medial-politische Komplex aus Gütersloh. Marburg 2007

Roth, Roland: Bürgermacht. Eine Streitschrift für mehr Partizipation. Edition Körber-Stiftung, Hamburg 2011

Roth, Roland: Zivilgesellschaft und die Zukunft der Demokratie, in: Friedrich-Ebert-Stiftung (Hg.): Die Bürgergesellschaft in der Diskussion. Bonn 2002, S. 25-38

RWE Aktiengesellschaft: Akzeptanz für Großprojekte. Eine Standortbestimmung über Chancen und Grenzen der Bürgerbeteiligung in Deutschland. Essen 2012

Salm, Christiane zu: Im Rausch der Bilder – hinkt das Fernsehen hinterher?, in: Appel, Eva (Hg.): Ware oder Wert? Fernsehen zwischen Cash Cow und Public Value. Mainzer Tage der Fernsehkritik 2008, S. 21-28

Salomon, David: Demokratie. Köln 2012

Schraml, Christiane: Community Organizing und die politische Philosophie Hannah Arendts, in: Penta, Leo (Hg.): Community Organizing. Menschen verändern ihre Stadt. Hamburg 2007, S. 109-118

Schröder, Stefanie: Der Bertelsmann-Konzern zwischen Politik und Öffentlichkeit: »Du bist Deutschland!« – Wer eigentlich?, in: Jens Wernicke und Torsten Bultmann (Hg.): Netzwerk der Macht – Bertelsmann. Der medial-politische Komplex aus Gütersloh. Marburg 2007

Speth, Rudolf: Der erfolglose Aufbruch, in: Aktive Bürgerschaft aktuell (Online-Nachrichtendienst), Ausgabe 123, Mai 2012 vom 31.05.2012

Staatliches Museum Schwerin (Hg.): Mail Art. Osteuropa im internationalen Netzwerk (Ausstellungskatalog), 1996

Süssmuth, Rita: Demokratie: Mangelt es an Offenheit und Bürgerbeteiligung?, in: APuZ, 44-45/2011, S. 3-7

Thierse, Wolfgang: Grundlagen und Gefährdungen der modernen Zivilgesellschaft, in: Friedrich-Ebert-Stiftung (Hg.): Die Bürgergesellschaft in der Diskussion. Bonn 2002, S. 13-24

Twickel, Christoph: Gentrifidingsbums oder eine Stadt für alle. Hamburg 2010

Wagner, Thomas: Demokratie als Mogelpackung. Oder: Deutschlands sanfter Weg in den Bonapartismus. Köln 2011

Wagner, Thomas: Direkt gegen die Demokratie, in: Die Zeit, Nr. 11, 8. 2012, S. 13

Wagner, Thomas: Merkel Bonaparte, in: taz, 13. März 2012, S. 12

Wagner, Thomas: Mogelpackung direkte Demokratie. Die Forderung nach mehr Bürgerbeteiligung im rechtspopulistischen Machtkalkül, in: Bathke, Peter / Hoffstadt, Anke (Hg.): Die neuen Rechten in Europa. Zwischen Neoliberalismus und Rassismus. Köln 2013

Wagner, Thomas: Strategische Dialogbereitschaft. Bürgerbeteiligung als liberalkonservatives Modernisierungsprojekt, in: Z. Zeitschrift Marxistische Erneuerung, Nr. 90, Juni 2012, S. 35-44

Walter, Franz u. a. Die neue Macht der Bürger. Was motiviert die Protestbewegungen?, Reinbek bei Hamburg 2013

Wawzyniak, Halina: Internet und digitale Gesellschaft – ein Bericht über die Arbeit der Enquete-Kommission, in: Ramelow, Bodo / Sitte, Petra / Wawzyniak, Halina / Nitz, Christoph: It's the Internet, stupid. Die Linken und die »Schienennetze« des 21. Jahrhunderts. Hamburg 2011b, S. 58-68

Wawzyniak, Halina: Demokratie in der digitalen Gesellschaft, in: Ramelow, Bodo / Sitte, Petra / Wawzyniak, Halina / Nitz, Christoph: It's the Internet, stupid. Die Linken und die »Schienennetze« des 21. Jahrhunderts. Hamburg 2011a, S. 26-34

Wehrle, Hermann: Demokratie am Katzentisch. Neue Strategien der Bürgerbeteiligung, in: Mieterecho, Nr. 354, März 2012, S. 8 f.

Weizman, Eyal: Prolog: Das Paradox der Kollaboration, in: Miessen, Markus: Albtraum Partizipation. Berlin 2012, S. 13-15

Werkstatt für Gewaltfreie Aktion, Baden (Hg.): Konsens. Handbuch zur gewaltfreien Entscheidungsfindung. Karlsruhe 2004

Wernicke, Jens / Bultmann, Torsten (Hg.): Netzwerk der Macht – Bertelsmann. Der medial-politische Komplex aus Gütersloh. Marburg 2007

Wilk, Michael: Macht, Herrschaft, Emanzipation. Aspekte anarchistischer Staatskritik. Grafenau 1999

Zieschang, Tamara: Das Ganze im Blick haben, in: Die Politische Meinung, Nr. 496, März 2011, S. 15-19

Thomas Wagner

Demokratie als Mogelpackung

Oder: Deutschlands sanfter Weg in den Bonapartismus

Broschur | 143 Seiten
ISBN 978-3-89438-470-8
€ 11,90 [D]

Aus erwählten Mündern erschallt zunehmend ein Ruf nach Demokratie. Die Vorhut bilden Medienintellektuelle wie der Ex-BDI-Chef Hans-Olaf Henkel, Hans Herbert von Arnim, Gabor Steingart oder Peter Sloterdijk. Sie fordern eine Zurückdrängung der Parteienmacht und die Erweiterung plebiszitärer Mitwirkungsrechte. Schaut man genauer hin, enthüllt sich das als scheindemokratische Demagogie, um die bestehende Elitenherrschaft plebiszitär zu legitimieren und den Widerstand gegen die ungehemmte Entfaltung der Marktkräfte zu lähmen. Da offen autoritäre Lösungen an Attraktivität eingebüßt haben, wird versucht, fortschrittliche Begriffe zu besetzen. Wagner zeigt, wie elitäre Gruppen demokratische Energien auf bonapartistische Weise zugunsten eines Systemumsturzes von rechts umlenken wollen, welche Rolle Think Tanks dabei spielen und wer sie finanziert. Und er skizziert eine emanzipatorische Gegenstrategie, die tatsächlich auf mehr Demokratie abzielt.

PapyRossa Verlag

Luxemburger Str. 202, 50937 Köln, Tel. (0221) 44 85 45, Fax 44 43 05
mail@papyrossa.de – www.papyrossa. de